Manual
99

Manual 99

99

직독직해와 구문의 주제전개적 시야가 안될 때

이찬성 지음

좋은땅

서문

단어암기에 대부분은 많은 시간을 보내고 있다. 게다가 문맥 밖 암기는 이해과정에 과도한 긴장을 더한다. 만약 암기단어(≠인식단어 : recognition words)의 범위를 대략 가늠하고 직독직해의 효율성을 더하는 디자인(design)이 있다면 단어암기의 시간을 단축하고 이해과정의 자연스러움을 만드는 계기가 될 것이다.

동사어휘를 정리함으로써 어순감각을 보완하고 어휘정리의 바탕을 탄탄하게 한다. 전개의 표준적인 유형에 따라 어휘와 구문을 일목요연하게 정리함으로써 단어암기의 윤곽을 간파할 수 있다. 이와 같은 'big picture'의 시야에 비추어 주제구성어(theme-based words) 가운데 일부를 합리적으로 추정할 수 있다. 어순감각의 보완과 함께 의미단위의 인지시폭(eye span)의 배가는 물론이고 낱말단위의 긴장반응, 즉 영어단어와 모국어 단어의 '소모적인' 연상반응이 순화될 수 있다.

특히 이 책에서 혁신적인 "예비장치"의 개념을 도입하여 직독직해의 시야를 배가함과 동시에 어휘정리를 더욱 분명히 할 수 있다.

"MANUAL 99"를 통해 필수단어와 구문을 최단 시간에 정리하고 직독직해의 시야를 강화한다. 특정한 주제/전개의 동선과 상관없이 맹목적으로 단어를 암기해 오던 타성을 돌려세워 부자연스러운 암기의 습관을 순화함으로써 EFL(English as a foreign language) 범위를 벗어나지 않는 한도 안에서 문어/격식체 영어(written/formal style English) 읽기에 매우 효율적으로 적응할 수 있도록 설계해 보았다.

아무쪼록 혁신적인 학습방법을 제시하는 이 책을 잘 활용하여 영어실력 향상에 큰 도움이 되기를 바란다.

이 찬 성

이 책에서 자주 사용하는 핵심 용어들

♠ 구문의 주제전개적 인지

주제를 전개하는 수단을 크게 주제구성단위와 전개기능단위로 구분하는 구문의 이해는 직독직해를 어렵게 만드는 일부 구문들을 주제전개의 시야로 처리하게 돕는다.

♠ 전개기능단위("예비장치" 등)

직독직해의 최대 난점의 해결방안으로 "예비장치"를 제안한다. 전달상황/정보의 출처/배경/관점 등(2개 이상의 기능 조합)을 나타내는 상황인식을 돕는 특정 문장의 첫 의미단위일 뿐만 아니라 필자가 독자에게 단위문장 내의 연결단위(= 주제구성단위)를 예측하게 돕는다.

예비장치의 기능을 인지함으로써(익숙해지면서 hint 단어를 근거로) 모국어와의 연상에 의한 거꾸로 번역을 제어하는 주제방향감을 유지할 수 있다. (**4** 장의 예비장치 ++)

♠ 주제구성단위

문어 격식체 표현의 경우 주제를 전개하는 과정에서 생각을 함축했다가 상세하게 펼쳐 가는 구간이 적지 않게 등장한다. 특히 생각을 압축하는 명사구문 일부는 직역의 느낌이 통하지 않는 경우가 적지 않다. 이 과정에서 직독직해의 유지를 어렵게 만든다. 우선 표준적인 전개동선을 압축하는 명사구문(**3** 장의 전반부)부터 살핀다.

♠ 이 책이 초대하는 '목표 독자'

장문 일부의 첫 의미단위와 연결단위가 직독직해로 연결되지 않는다? 의미단위 순서대로 가다가 주어/목적어/보어 위치에 오는 명사구문 일부에서 직독직해의 감각이 멈춘다? 이와 같은 문제를 의식하고 있는 적응단계들에게 "MANUAL 99"가 시야를 여는 도구가 되고자 희망한다.

Contents

V(n)

that

wh-word

if +

and +

문중(文中)의 S V ---

전명구

명사구문 +

* 예비장치

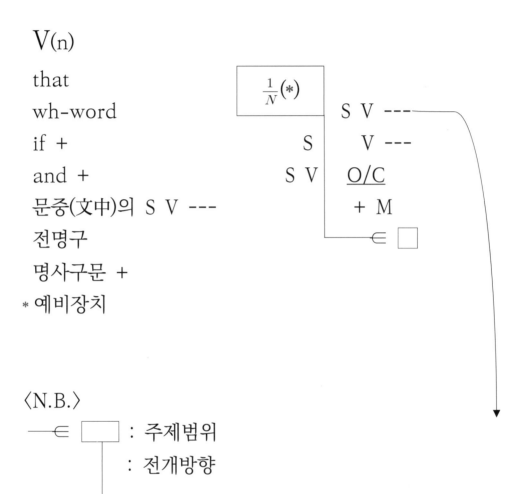

〈N.B.〉

─⊆ ☐ : 주제범위

: 전개방향

1 동사 정리

===

■ 주제 구성단위의 파악

   --- see   that

        assume

        speculate

        stipulate

           +

S+V ---
주제 구성단위
(theme-based unit)

■ 큰 단위와 작은 단위

   A   constitute   B

       belong to

       represent

       stand for

         +

A ∈ B
A ('작은' 단위)
B ('큰' 단위)

□ 200여 개의 고빈도(high frequency) 동사어를 정리한다. 일부는 문장형식의 관점에서뿐만 아니라 주제/전개의 관점에 따라 일목요연하게 정리한다.

□ 동사의 이해정도가 문맥의 특정한 동선을 파악하는 과정에서 이해의 수준을 좌우한다. 동사의 순서대로 이해하면서 동사가 앞/뒤로 끌고 다니는 어군들과 함께 묶어서 호흡 단위나 그 이상의 의미단위를 순서대로 수용해 간다? story line이나 주제/전개의 동선을 느끼기 시작한다? 이때 비로소 의미단위의 순서대로 이해하는 시야가 생긴 셈이다.

■ 영어적응에 단절이 생겨 대체 어디에서부터 다시 시작할지를 모른다?

■ 일단 1 장을 읽어가면서 잊었던 동사들부터 다시 떠올려 본다.

* 아울러 warm-up 하는 기분으로 돌아본다.

□ 특히 문어체(esp. 격식체 : formal style) 영

■ 오른쪽 공간은 우선 왼쪽

어에서 어휘와 구문이 어디에 어떻게 사용되는지/어휘와 구문의 주제/전개적 용도를 깨닫게 될 때 이미 input 된 단어와 어법 지식으로 낯선 단위에 대한 합리적 추정과 결과적인 자연스러운 수용이 가능해진다.
(본 memo의 controlling idea!!)

공간을 다 읽고 나서 참고하도록 함.
- 왼쪽 항목과 가능한 한 오른쪽 항목이 서로 관련 있는 것을 나란히 배치.
⇨ 때로는 오른쪽 공간의 point를 참조해 가며 진행할 수도!

❑ A come here
　A come to justice
　　come to one's senses
　　(get)
　　　　+

- A가 심판받는다
- A가 정신을 차리다

❑ ▢ bring A here
　　bring A to justice
　　bring A to one's senses
　　(get)
　　　　+

- ▢는 A를 심판하다
- ▢는 A를 정신 차리게 하다

❑ A go there
　　go to extremes
　　go to a next higher level
　　(get)
　　　　+

- A가 극단으로 가다
- A가 한 단계 발전하다

❑ ▢ take A there
　▢ take A to extremes
　▢ take A to a next higher level
　　(get)*
　　　　+

- ▢는 A를 그곳으로 데려가다
- ▢는 A를 극단으로 끌고간다
- ▢는 A를 한 단계 발전시킨다
* 동사는 편의상 원형으로 제시

〈N.B.〉
- come/go 등의 동사들이 전명구(전치사+명사) 등과 결합해 가며 상황을 전개

한다. 대개 come과 bring, go와 take가 서로 연관이 있다. 그리고 이들은 일반적으로 (get)으로 바꿀 수 있다.

- 상태가 아닌 운동/동작을 표현하므로 운동 방향을 표시하는 기능(here/there/to 등)과 조합한다.

❏ --- subside into oblivion	■ 망각으로 가라앉다
❏ --- exist today	■ 현재 존재한다
❏ --- navigate with nothing better than road maps	■ 도로 지도보다 나을 것이 없는 것으로 위치를 찾다
❏ --- walk for 123 days	■ 123일 동안 걷다
❏ --- the trail forked	■ 길이 갈라졌다
❏ --- step into a highway	■ 큰 도로로 접어들다
❏ --- (be) miles from where he ought to be	■ 그가 있어야 할 곳에서 여러 마일 벗어나 있다
❏ --- run all the way from Georgia to Maine	■ 조지아주에서 메인주까지 줄곧 달리다

⟨N.B.⟩

- 전명구 등 부사 어군과 결합하는 동사들을 살펴 둔다. 주제/전개의 동선에 대한 시야가 생기면서(문맥에서 분리했을 때) 낯설게 느껴지는 동사들을 연결 어군과 함께 엮어서 하나의 의미단위로 파악하는 감각이 만들어진다.
- subside into oblivion ⇨ "subside(동사 위치를 인지하는 경우/ 의미는 모

르더라도)되어 망각되다(oblivion이 forgetting의 뜻인 줄 알 때)"/ 또는 subside into oblivion을 skip 하고 앞/뒤에 전개되는 <u>come back to your memory</u> 등을 근거로 추정할 수 있다.

❑ You look	uneasy.		■ 불안한 모습으로 보인다.
sound	hoarse.		■ 쉰 목소리가 나는 것 같다.
It smells	delicious.		■ 그것은 맛있는 냄새가 난다.
tastes	tart.		■ 시큼털털한 맛이 난다.
touches	coarse.		■ 까칠한(부드럽지 못한) 촉감이
(= feels)			난다.

〈N.B.〉

• You look uneasy.

looking의 감각 과정이 uneasy 하다기보다는(그렇다면 □는 동사를 수식하는 부사 형태가 맞을 것)

감각의 내용이 You are uneasy(= uneasy 'you')이다.

그러므로 □ 위치에는 uneasy와 같은 형용사 형태가 어울린다.

• 보어 위치에 형용사 형태가 온다. ⇨ 부사 형태가 아님에 주의한다.

❑ He wound up <u>bankrupt</u> after a series of failures.

■ 그는 곡절 끝에 부도난 상태로 되었다/ 연속적인 실패 뒤에.

❑ They will end up <u>more focused</u> on daily details if they could make it through this tribulation.

■ 그들은 결국 일상생활의 작은 부분에 더 집중하게 될 것이다/ 이 고난을 통과할 수 있게 된다면.

❑ go	wild crazy out of control	■ 걷잡을 수 없는 상태로 되다 ■ 미쳐 버리다 ■ 통제 불능의 상태로 되다
run turn become +		

〈N.B.〉

• go/run/turn 등의 동사들이 상황에 따라 형용사어(군)와 결합하여 주어의 상태를 표현하기도 한다.

❑ By the mid-1960's it seemed to any careful observer as if the trail would survive only as scattered fragments – as forlorn relic strands in the odd state park, but otherwise buried under shopping malls and housing developments.

■ 1960년대 중반에/ 주의 깊은 관찰자가 보기에/ 그 등산로가 연결이 끊긴 단지 몇 군데의 구간으로 남을 것으로 보였다. 한적한 주립공원의 버려진 호숫가의 흔적으로/ 아니면 쇼핑몰과 주택개발단지에 묻혀 버린 모습으로 (남을 것으로 보였다).

〈N.B.〉

• seemed ☐ as if ☐

　　　　　(= like) 주격보어 안에 세 단위의 주격보어가 전개됨.

• survive only as ☐ : general idea

　– as forlorn relic strands ☐ : specific idea

　　(but otherwise) buried under ☐ :　〃

• 동사 단위를 hint로 연결단위(여기서는 주격보어)의 주제/전개적 관계에 집중 : scattered fragments(큰 단위 : 압축단위)/뒤 단위들이 작은 단위(상세 전개단위)임.

■ 기능적으로 조합하는 '동사+준동사(동명사/부정사)'구 일부(사용빈도가 높은 것들)를 정리해 둔다.

❏ dislike
detest
mind
abhor
abominate
　　　+

| ~ing |

■ ∈ 싫어하다
* enjoy ~ing

❏ like
love
(hate)
prefer
　　+

| ~ing
to V --- | ⇌ |

■ ∈ 좋아하다(싫어하다)
* ~ing 형태와 to V --- 형태 둘 다 쓴다 : 지금 입장에서 행위하기(= to V ---)를 선호(or 혐오)하는지/ 일반적으로 선호(or 혐오)하는지를 앞/뒤 전개 동선에 따라 판단한다.

❏ consider
suggest
recommend
　　+

| ~ing |
vs.
❏ decide

| to V --- |

■ ∈ '결정하기' 전의 단계들임.

■ 결정하다

❏ admit
deny
agree
refuse
cf. vs.(versus : against)

| ~ing |
vs.
| to V --- |

■ ~ing --- : 과거
■ to V --- : 미래

❏ start
begin

| to V ---
Ving |

| continue | to V --- | ≑ |
| cease | Ving | |

* It ceased raining. (×)

⇨ It ceased to rain.

quit ~ing	
stop ~ing	to V ---
목적어	부사기능

■ cease : 멈추다

■ quit : 그만두다

■ ~ing를 멈추고/ V 하려 하다

□ want
wish
hope

to V ---

+

□ avoid
evade
escape
abandon
give up
delay
postpone
put off

~ing

+

□ remember
forget

to V ---
Ving ≠

□ regret ~ing ≠
regret to V ----
(= be sorry to V ---)

□ recall
recollect ~ing

■ ☐ need ~ing(to be p.p.)
require
deserve

⇨ ☐가 ~ing의 의미상 목적어

■ '피하다' 종류

■ 미루다

■ to V --- : 미래
~ing : 과거

■ regret ~ing
~했던 것을 후회하다

■ 기억을 돌이키다
(환기하다)/회상하다

repent | ~ing | 뉘우치다(회개하다)

* ~ing : 과거 행위

❑ risk   ~ing   ■ 위험을 무릅쓰고 ~하다

practice   ■ 연습하다

celebrate   ■ 기념하다

❑ try to V ---   ■ V 하려고 애쓰다

try ~ing   ■ 시험 삼아 ~해 보다

+

〈N.B.〉

• 더 많이 정리하는 대신에 여기에 정리해 둔 것을 토대로(이 정도면 충분...) 눈앞의 특정한 주제/전개의 동선에 적용한다. 과도한 암기(특히 주제/전개의 관점을 배제한 input 등)는 이해의 그림자(낱말단위의 긴장습관)로 된다(주의!).

〈N.B.〉

• 다음 학습할 동사의 기능(문장 5형식 등)을 알면 단위문장 안의 낱말들의 연결감이 좋아진다. 그러나 일부 동사들의 주제/전개적 기능을 알면 문장과 문장 사이의 전개감이 생기면서 의미단위를 잡아내는 시선의 폭(eye span)이 훨씬 더 좋아진다.

• 향상된 낱말 연결감으로 낯선 동사 기능도 문맥을 이용하여 추정할 수 있다. 무시하더라도(skip...) 계속 주제/전개의 동선을 인지할 수 있다.

----

ex) --- say	that S+V --- 등
• 화법 전달 동사 say 등이 들어가는 의미단위	• message 단위 (theme-based unit)
• 이 단위가 전달 message의 출처/관점/상황/배경 등이 조합하면서 그 구문이 정교해질 때(해당 단위문장을 포함하는) 문장들 사이의 일관성을 위해 대개 해당 문장의 앞으로 간다. "예비장치"(⎡4⎤ 장)라 부르자. 문어체 영어의 중요한 특징이다. (참고서 등에서 제대로 취급하고 있지 않던데...??)	• 화법 전달동사가 들어가는 의미단위는 대개 단위문장의 앞/가운데/끝에 오기도 한다. ⇨ 화법 전달동사가 들어가는 단순한 의미단위도 앞/뒤 단위문과의 일관성을 위해 해당 문장의 앞에 배치하는 경우 역시 "예비장치"에 포함할 만하다(의도가 같기 때문).

❑ --- say   that S+V ---

predict

see

expect

confirm

ascertain

specify

speculate

conclude

suppose

assume

presume

believe

think

guess

■ 3형식 동사 가운데 that S+V --- (목적어 문장)을 끌고 다니는 것들이 많이 쓰이고 있다.

■ confirm(확인하다)
  = ascertain

■ presume(짐작하다)

■ hypothesize(가정하다)

imagine

hold

hypothesize

(be) reminded

consider

admit   ++

⟨N.B.⟩

• --- ask   that   S+V --- (요구하다) ⌐
                                        vs.
• --- ask   if   S+V --- (질문하다) ⌐

          whether

          wh-word의 일부(when/what/where/why/how/who/whose +)

          * 간접의문문

❏ --- ask   that S+V ---

          require

          request

          recommend

          advise

          urge

          dictate

          move(제안하다)

          propose

    * suggest

       insist

          ++

■ advise (whom)

       that S+V ---

■ dictate to them how they

    plan their journey

    (그들에게 요구하다/

    여행을 어떻게 계획할지를).

■ that 이하 부분의 내용이 앞/

    뒤 문맥에 따라 사실인지 생

    각/주장인지를 판단한다 :

   ⌐ (사실) that S+V :

   │   V(직설법 동사 형태)
vs.
   │ (생각/주장) that S+V :

   │   V(should가 생략된 동사

   └   원형)

- 동사가 focus로 되기도 하지만 <u>동사가 연결하는 단위(주어/목적어/보어/수식어군 +)</u>의 전개적 관계가 이해의 focus로 되는 경우가 대부분이다. 의미단위의 인지를 위한 시선의 폭(eye span)을 늘려 가는 계기로 되는 ＿＿＿ 부분의 이해에 집중해 본다.

❑ A   outweigh   B
        outperform
        outlive
        outsmart
        outmaneuver
        outdo
        outwit
        outnumber
        outbuild
           +

        out* ⬚

- A와 B의 주제/전개적 관계

$$A > B$$

- A outmaneuver B :
  A가 B보다 한 수 위다
  (술수가 더 높다)

- A outbuild B :
  A가 B보다 더 많이 | 건조하다
                       | 만들다

* out이 접두사

❑ A   excel   B
        exceed
        survive
          +

❑ A   precede   B
        (be) followed by

   A   lead to   B
        predate

A와 B를 비교하는 용도로 쓰이는 비교 타동사들임.
- A/B의 주제/전개적 관계

$$A \rightarrow B$$
A('앞' 순위)
B('뒤' 순위)

```
come | before
go   |
  +
```

❑ A   belong to   B
      constitute
      represent
      stand for

❑ B   (be) composed of   A
      (be) made up of
      (be) comprised of
   B   consist of   A
   B   include   A
* B와 A의 위치에 주의!

❑ A   result in   B
  (= B   result from A)
   A   cause   B
         trigger
   A   bring about B
⇨ because of A

   B <u>come about</u>

* A   contribute to   B

   A   lead to   B

■ A/B의 주제/전개적 관계

```
┌──────────────────────┐
│      A ∈ B           │
│ A : '작은' 생각 단위  │
│ B : '큰' 생각 단위    │
└──────────────────────┘
```

■ B include A

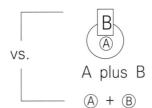

vs.   A plus B

      Ⓐ + Ⓑ

cf. plus : in addition to~

■ 주제/전개적 관계

```
┌──────────────────┐
│  A(원인)/B(결과)  │
└──────────────────┘
```


■ come about
  = happen/occur/
    take place/transpire
* B : '+' image와 '–' image
   둘 다 올 수 있다.

〈N.B.〉

• Don't give me that.   (4형식 : 구어체임)

  vs. (= Don't say that to me.)

  Don't get me wrong.   (5형식 : "내 말을 오해하지 마.")

* 4형식 동사 일부를 마중물(priming water) 삼아 아래에 정리해 둔다.

❑ 4형식 동사

give	A	B
take	A	B
cost	A	B
make	A	B
get	A	B
send		
save		
spare		
build		
cook		
buy		
throw		
envy		
write		
++		

■ A(간접목적어)

  B(직접목적어)

■ get과 make는 형식을 넘나든다. 사용빈도가 높다.

ex)It takes me 15 minutes or so to get there on foot.
(내가 그곳에 도보로 도착하는 데 15분쯤 걸린다.)

provide   A   with   B

supply

furnish

equip

  +

■ ∈ A에 B를 공급하다

deprive	A of B	■ ∈ A에게서 B를 박탈하다
cheat		(빼앗다)
cure		
strip		
clear		
rid*		* get rid of ~(~를 제거하다)
rob		
relieve		
+		

Contextual extension

• 형식에 구애받지 않고 A와 B의 전개적 관계를 파악하도록 한다.

❏ classify	A as B	■A ∈ B
categorize	A as B	A : '작은' 단위
identify		B : '큰' 단위
group	A into B	
divide	B into A	
break down		
cf. A represent B		
(= stand for)		

〈N.B.〉

• 5형식으로 쓰이는 동사들을 정리해 둔다.

| ❏ make | A | V --- | ■ 강제하다 |
| let | | | A가 V 하도록 허락하다 |

	목적어 (의미상 주어)	목적보어 (의미상 서술어)	
* have	A	V --- V ~ing p.p.	A가 V 하도록 * 부탁/경험/상황/상태

* A (be) │ made │ to V ---   * A가 하는 수 없이 V 하다
          │ forced
          │ compelled
          │ obliged

* A (be) let to V --- (✕)   * This house is to be let
  (be) │ allowed │ to V ---   (= rented)
       │ permitted │   A │가 허락받아 V 하다
                                   │는 V 해도 좋다.
┌─ I supported the door with a chair.   문을 의자 하나로 지탱했다.
│   (동작)
vs.   문을 의자 하나로 지탱해 두
│   고 있었다.(상태)
└─ I had the door supported with
   a chair.

  cf. _____이 전후 상황에 따라 부탁(제3자
  에게 support 하게 부탁하다)의 뜻으
  로 될 수도 있음.

❏ consider   A as B
  think of
  regard
  look upon
       +
  render A │ B   ■ 목적보어 위치(B)에 형용사
           │ helpless   형태가 온다.

(A를 무기력하게 만들다)   ⇨부사 형태(×)

❑ ┌──────┐ see   ■ 주어의 지각내용
  │   │ watch   A │ V   = A가 V 하다
  │ 주어 │ hear   │ ~ing   V 하고 있다
  │   │ listen to │ p.p.   (V 되고 있다)
  │   │ observe
  └──────┘ +

──────── vs. ────────

*   * 말하는 이(speaker)의
  ┌──────┐ look   ⎛ easy ⎞   감각 내용 = 주어+(보어)!
  │   │ sound   │ great │
  │ 주어 │ smell   │ sweet │
  │   │ taste   │ bad   │
  │   │ feel   ⎝ good ⎠
  └──────┘ (= touch)

〈N.B.〉
• 사역동사와 함께 문어체 영어에서 자주 쓰이는 준사역동사들을 정리해 둔다.
  이 가운데 원인/결과의 전개 동선을 구성하는 것들에 주의한다.

❑ ┌──────┐ make   A V ---   ■ 원인/결과의 전개 동선을 눈
  └──────┘ cause   A to V ---   치챌 수 있는 문맥 구간에서
           help   ┌──────┐ 때문에 │ A가
           force   └──────┘ 덕택에 │ V 하게 되다
           persuade   와 같이 이해되는 경우가 많
           allow   다. 왼쪽에서와 같이 같은 형

permit
motivate
urge
advise
order
beg
importune
incite
enable
encourage
ask
+

태들을 한곳에 모아 두고 review 하면

■ "[____]importune A to V ---"를 importune의 접촉 여부나 접촉 정도와 상관없이 [____]의 'importune' 행위 때문에/ A가 V 하게 되는구나! 라는 mood로 이해할 수 있다. 또는 importune을 skip 하고 지나가더라도 [____]와 (A 가 V 하다)의 (인과)관계를 시선의 여유를 가지고 추정할 수 있게 된다.

⟨N.B.⟩

• hope A to V --- (✕)   ⇨ hope   that S+V ---
  suggest   suggest   that S+V ---
  (5형식으로 사용하지 않는다)   ~ing

❑ [____] keep   A from ~ing   ■ [____]의 (   )행위 때문에/
         hold   (또는) 덕택에 A가 ~하지 못
         stop   하다.
         restrain
         prohibit
         inhibit
         discourage
         disable
         deter
         disrupt

prevent
hinder
dissuade
+

* forbid A to V ---
        from ~ing

* talk A into ~ing
        out of ~ing

* from ~ing ...

❑ refrain from ~ing
   abstain from ~

❑ Key members of congress were informed
   of interrogation practices, and far
   from objecting, condoned their
   activities we now judge to have
   been wrong.

■ 금지하다/ A가 V 하지 못하
  도록 (둘 다 쓰이고 있음)

■ A를 설득해서 ~하게 하다
  (= persuade A to V ---)
■ A를 설득해서 ~하지 못하게
  하다
  (= dissuade A from ~ing)
■ ~하는 것을 자제하다/삼가다
cf. refrain(음악 : 후렴구)
■ absolute abstinence
  (절대 금주)
■ 핵심 의원들에게/ 심문 관행
  을 알렸는데도/ 반대하기는커
  녕/ 지금은 잘못된 것이었다
  고 여기는 그들의 활동을 격
  려했다.
■ their activities (선행사)

  we now judge to have
  been wrong
        ── (형용사절) ──
  (judge가 5형식으로 쓰이고
  있다)
⇨ 선행사 뒤에
  that 또는 which(관계대명사

❑ far from   ~ing ---
  : ~하기는커녕(~하지도 않고)
  cf. She is <u>far from</u> happy.
          (= never)

목적격)가 생략// 이 점이 체
화되면서 선행사와 형용사절
을 하나의 의미단위로 수용한다.

2 의미단위 수용을 위한 준비

===

■ V(+/-)

■ V(tone unit)

■ V(vital)

■ V(count)

■ V(A+전치사+B)

■ V(others)

■ 동사(⇨ 명사/형용사 + :
　　　　 내용어군의 확장 시야)

■ Sense unit

■ 동사 단위를 순서대로 count 하는 mood를 느낀다. 이때 비로소 모국어의 소모적인 연상이 순화되기 시작한다.

〈N.B.〉

• 주제/전개를 이해하는 관념의 상태가 생리적으로 반사적인 시선의 폭(eye span)으로 자라나는 데 몇 차례의 계기(momentum)들이 있다.

2-1. V(+/-) 주제/전개 친화적 인지

■ 동사 단위를 초 단위의 단서로 잡아 의미단위를 순서대로 수용하지 못한다고? 듣기연습과 별도로 가끔은 묵독(silent reading)을 해 본다. 이때 모국어 연상(번역) 대신에 +/- 등의 image를 떠올려 본다.

❑ 문맥이나 소통상황에 따라 '+'와 '-'가 바뀔 수도 있겠으나 대체로 '+' image로 수용될 수 있는 동사 단위들 :

help A (to) V ---	
(be) able to V ---	■ (be) capable of ~ing
enable A to V ---	
encourage A to V ---	
can V ---	
enjoy ~ing	
get somewhere	■ 성과가 있다('의미 있는 곳'에 도달하다)
achieve	
accomplish	
get back on track	■ become convalescent (회복하다)
recover	
compliment	■ greet/praise(칭찬하다)
applaud	■ 갈채를 보내다
enhance	■ 향상시키다
upgrade	
ameliorate	■ get better
improve	
streamline	■ make ~ cost-effective
turn around	■ ('+'방향으로) 전환시키다
get over	■ overcome
win	

defeat

beat

prevail   ■ 우세하다

get the better of   ■ defeat/beat

advance

wax   ■ 기운이 왕성해지다

strengthen

consolidate   ■ 튼실하게 만들다

liberate   ■ set free

free A from B

emancipate   ■ 해방시키다

enlighten

energize

activate

invigorate   ■ 활력을 불어넣다

galvanize   ■ excite

inspire   ++

❑ 대개 '-' image로 새길 수 있는 동사 단위

must | V ---

have to

need to

should

(be) forced to V ---

(be) compelled to V ---

threaten to V ---

(be) doomed to V ---   ■ ~할 운명이다

discourage A from ~ing

abuse   ■ 학대하다/남용하다

distort   ■ 왜곡시키다

dislike	~ing	■ ∈(꺼리다/싫어하다)
detest	~ing	
abhor		
abominate		
mind		
worsen		■ get ǀ worse
= deteriorate		become ǀ
rot		■ decay
confine		■ limit
(be) obsessed with ~		■ ~에 집착하다
(be) preoccupied with ~		
get nervous		
wane		■ 세력이 약해지다
wither		■ 시들다
debilitate		■ 맥 빠지게 하다
weaken		■ enervate/devitalize

〈N.B.〉

• ☐ put A at the mercy of B ⇨ ☐ make A vulnerable to B

* ☐ 탓에 A가 B에 취약해지다

---

* 동사의 느낌을 down 시킨다/☐/A/B의 전개적 관계를 각 단위의 순서대로 파악한다.

endanger

paralyze

intimidate

frighten

blackmail

* 이 과정에서 의미단위의 순서 대로 이해될 수 있다.

■ (협박하다/겁주다)

■ (공갈치다)

fail
frustrate
terminate

∎ kill
  slay
  assassinate

incinerate

∎ annihilate
  exterminate
  put an end to~

suffocate
  ++

∎ choke
  asphyxiate

〈N.B.〉

- 이쯤에서 마중물(priming water)을 준비한 셈이다. 나머지는 특정한 문맥의 이해과정에서 cover 한다. 한꺼번에 더 많이 모으겠다는 욕심은 이해 시야를 가릴 수 있다.
- 2 장(동사 관련 감각과정)의 각 concept는 각각이 완성도가 부족하지만, 마중물(필요어휘나 구문 등)을 조금씩 전개함으로써 이해과정에서 전체적인 보정(complementation)을 돕고자 의도한 것임. 어느 한 부분에 지나치게 치우치는 상황을 피해 균형감이 함께하는 적응을 기대한다.

2-2. V(tone unit)

■ 영어 리듬에 반사적으로 반응할 수 있을 만큼 CNN/BBC 등의 discussion, interview, report 등의 프로그램에 노출한다. 'N 년' 쯤 노출(때로는 흥미가 생길 때 '몰입')하다 보면 '의미 있는' 소통에 참여할 수 있다.

〈N.B.〉

• 읽기와 달리 듣기는 구두점이 사라진 자리에 억양변화(tone change : ↗ ↘ +)와 쉼(pause)이 구사되는 현상을 눈치챌 수 있어야 한다. 우리말의 종지형 어미/연결어미/조사와 같은 역할을 억양변화와 pause가 하는 셈이다.

■ Tone unit(breath group)

* ↗ 　 (rise tone) : 문장의 계속을 표시(현저하게 올리지는 않음)

* ↗ ↘ (rise-fall tone) : 단위문의 종료를 표시

　　　　　　　　　(이 역시 현저하게 내리기 – 뉴스 등의 공식발표의

　　　　　　　　　경우 – 보다는 대개 pause처럼 느껴진다)

* → (,) : sustained tone/pause

억양변화 없이 반박자(split second) 쉬는 지점. 단위문의 계속을 표시

(casual style – drama 등 – 에서는 단문을 주로 쓰다 보니 억양변화보다는 pause가 주로 문장의 경계를 표시)

* 어디까지나 의미단위들의 주제/전개적 관계를 파악해 가는 결과로 인지되는 음운 현상이다. 이것을 쫓아가는 mood는 과도한 긴장으로 이어지니 주의해야 한다.

❑ 의미단위로 긴 문장을 나누어 가며 직독/직해하기 위해 우선은 tone unit(breath group)에 적응해야 한다. 들려야 보이기 시작한다.

■ ☐2 장에서 같은 예문을 tone unit(이 section임)/ V(count)/ Sense unit에서 3번 반복 사용했다.

❑ 속독/속해? 소리속도에 적응해 있을 때 비로소 소리속도를 이해속도가 넘어설 수 있다.

❑ 영어가 생활언어가 아닌 여건에서 소재나 상황(소통 당사자의 수준/피로도 등)에 따라 읽기 속도가 지독(slow reading)과 직독 및 속독 사이를 왔다 갔다 할 수 있다.

❑ 멀리 길게 보고 실력보다는 경험 쌓기에 목표를 둔다. 특히 정확성이나 완벽주의 같은 실현하기 어려운 부자연스러운 강박적 생각부터 내려놓는다. 저비용(시간도 가치!)으로 CNN/BBC 등에 눈과 귀를 노출한다. 적어도 1년(하루에 1~2시간쯤) 이상은 노출하면서 영어신문이나 원서 읽기를 병행한다.

❑ They've been trying to/
get back on track/
the malfunctioned documentation/
costing them much more/
than expected <u>earlier</u>.

❑ Money will talk everybody
into doing
what he or she will not do
if they are rich.

❑ <u>Are you feeling frustrated</u>
or sad?
That's the very moment

동일한 소재를 가지고 음독(loud reading)과 묵독(silent reading)을 비교해 본다.
향후(대입수능영어/TOEIC/TEPS 등의) 듣기 대본 읽기와 청해 연습을 번갈아 반복해 보자.

* 단락의 평균 점유율이 50~60%쯤이고 의미단위마다 고루 분포하는(and 종류/that/wh-word/전명구 등의 잦은 출현에 주의!) 불과 수십여 개의 기능어의 특성이 체화되는(수용에서 구사로 전환되는) 물리적 시간을 앞당길 수 있는 효과에 주의하자!!

6 장 p.146 참조

■ ↗ or (-), (쉼)
■ ↗ (올림 억양 : 다음 단위의 예측감을 자극)

■ ↗ <u>earlier</u> ↘
(올내림 억양 : 단위문을 마무리)

when you could put out
all the stops
you were born with.

* 앞 문장의 각각의 행이 one breath group (= tone unit)으로 설정된 것임.

■ 이 section의 끝부분(sense unit)에서 도움말을 제시

❏ Some people complain
that society is unfair
while others try to do their best/
to survive all the seeming obstacles.

■ to survive all the seeming obstacles가 one tone unit.

❏ Some crew members think out loud
resulting in unnecessary anxieties/
among a few passengers.

■ resulting in unnecessary anxieties가 one tone unit.

⟨N.B.⟩

• Tone unit(breath group)은 educated people(CNN/BBC 등의 출연진 등을 기준)에게는 거의 일정하다. 그들이 준비된 display를 읽을 때 거의 일정한 어군(groups of words) 단위를 의식해 가며 끊어 읽고 있다는 점을 지적한다 (scope에 호흡 단위를 한 행으로 위에서 아래로 나타내 보여 주며 당사자가 읽는 식).

⇨ 이해정도와 상관없이 영어방송에 노출을 통해 '호흡 단위'에 적응해 본다.

2-3. V(vital)

■ 학습과정에서 news나 interview 프로그램 외에도 drama 시청을 통해 동사와 억양변화만 좇아간다는 mood로 동영상을 추적해 본다.
(의미단위의 연속적 이해의 결과로 억양변화를 느끼는 것이지만 처음에는 낱말 한 개씩 신경 쓰는 반응을 제어하려는 방편으로 '동사/억양변화의 추적'을 권고) drama의 경우 아예 동사가 없이 만들어지는 짧은 반응단위도 적지 않다. 바로 이런 이유로 실제 자연스러운 소통을 위한 준비로 될 수 있다.

■ 원서는 〈The Road Less Travelled〉 등의 'formal style'과 〈A Walk in the Woods〉 등의 기행문(essay 풍의 단락과 대화 단락이 섞여 있다) 같은 소재를 통해 'casual style'과의 균형감을 만들어 갈 수 있다.

■ 긴 글에 흥미가 느껴지지 않는 경우는 영자일간지의 특정 section(각자의 관심 분야 등)이나 astrology/counselling column을 꾸준히 조금씩 읽어 두는 것도 좋겠다.

＊ 듣기든 읽기든 단음절 동사를 가끔 집중적으로 추적해 본다.(기대 이상의 소득을 얻을 수도...)

❑ 어법기능동사(시제 형태/동사 형식 등을 떠올려 가며 정리해 본다. 특히 가정법 형태 – if 조건문장이 없는 경우 – 를 연습해 둔다)

ex1) (You) Couldn't do a better job.

ex2) (It) Could have been worse.

    I think you can't do a better job than you do a good job now.

   ↳ 가정법 과거 모양으로 현재 상황에 대한 mood를 표현

    It could have been worse than it was bad.

■ (there)be/do/have

■ 정말 잘하고 있네.
■ 그만하기 다행이다.

⇨ 가정법 과거완료 형태로 과거 상황에 대한 mood를 표현

ex3) Looks like he could have done a better job than just staying put trembling under her pressure to open his secret affairs.

❏ do vs. make :

--- make a moving plea for ⬚

⇨ --- ask for ⬚

in a moving fashion

* 원리 : 행위를 하기 전에 없던 것은 만들어야(make) 행위개념이 생김. 이미 존재하는 (누가 make 해 놓은) 것은 하기(do)만 하면 o.k.

❏ ┌(학생) do one's homework

vs.

└(선생) make homework

do research

business

the dishes

the laundry

+

make a promise

an observation

a reservation

a confirmation

progress

a difference

■ 그가 더 잘할 수도 있었을 것 같다/ 그의 비밀연애를 공개하겠다는 그녀의 압력에 떨며 꼼짝 못 했던 것보다는 (말이다).

⇨유감이다/ ~는 그녀의 압력에 ~못했던 것이 (못마땅하다).

■ 감동적으로 ⬚를 요청하다

■ 학생은 선생이 '만든' 과제를 '하기'만 하면 된다!

■ 연구하다
■ 사업하다
■ 설거지하다
■ 빨래하다

■ 약속하다
■ 관찰하다
■ 예약하다
■ 확인하다
■ 진보하다
■ 다른 결과를 내다

```
                    +
❑ (be)    in   shape
                trouble
                place
                stock
                the same boat
```

```
  (   )   get   [A]   into   shape
                               trouble
*  ┌─────────────┐    place
   │ get은 자동/타동사로 │    stock
   │  전환이 유연하다   │   (in) the same boat
   └─────────────┘
```

* (　) get A into shape
⇨ (　) get into shape　[A]

긴 목적어(A)가 전명구(into shape) 뒤에 배치되는 경우 : A(예컨대 회사경영 등의 개념일 때)에 shape가 속하지 않는다는 점을 눈치채는 순간 바로 'get into shape 하다/ [A] 를'과 같이 이해될 수 있다.

A 단위는 해당 문맥(특히 특정 단락의 직접적인 주제구성 단위)을 내용적으로 구성한다.

get into shape는 주제구성단위(A)를 연결하는 '전개기능단위'로 볼 수 있다.

바로 이런 관점에서 우리말로 '1:1'로 연상하는 대신에 (　)와 A의 주제/전개적 관계를 바로 잡아낼 수 있다.

즉, 구문을 주제/전개의 관점으로 모국어

(대개 '+' image)

■ 상태를 표시하는 동사(be 등)가 정적인 상태를 표시하는 전치사(in 등)와 결합하는 것.

■ (　) 덕택에 A가 건강해지다
■ (　) 때문에 A가 곤란해지다
■ (　) 덕택에 A가 안정되다
■ (　) 때문에 A가 재고로 쌓이다
■ (　) 때문에 A도 같은 처지가 되다

* 우리(영어가 외국어인 한국인 입장)가 통시적으로 거쳐 온 적응과정을 특히 낱말 배열 pattern에 눈뜨게 되는 계기를 표현해 보았다.

■ 낱말배열에 대한 시야를 단위문(긴 목적어와 전명구의 상대적 위치 등)에만 제한하지 않는다.

■ 한 호흡 더 나아가 topic 단위(특히 단락단위 이상)에 비

소모적 개입 없이 수용할 수 있게 된다.

□ take --- go
　bring --- come

ex1) This office will take the documents to the committee for review.

⇨ The documents will go to the committee for review through this office.

ex2) She has <u>taken</u> (her presentation) <u>to a next higher level</u>.

⇨ Her presentation has <u>gone to a next higher level</u>.

ex3) (　　) bring A │ to one's senses
　　　　　　　　　　 │ to one's knees

⇨ Because of (　)
　　A come │ to one's senses
　　　　　　 │ to one's knees

ex4) (　　) <u>bring A to light</u>

⇨ A come to light through (　　)

* take/go/come/bring 등은 대개 get으로 바꿀 수 있다// 이들은 운동/동작을 표시 하므로 운동 방향을 표시하는 전치사인 to 등과 조합한다.

□ put an end to ~

추어 구문을 주제/전개적 관점에서 살핀다.

■ 단순히 물리적 접촉의 시간을 넘어서 구문을 주제/전개적으로 인지할 수 있을 때 비로소 낱말단위의 긴장습관을 누그러뜨릴 수 있다.

■ 이 사무소는 그 서류를 위원회에 보내 검토받을 거다.

⇨ 그 서류들이 위원회로 가서 검토받을 거다/ 이 사무소를 거쳐서.

■ (　　)를 한 단계 끌어올리다

⇨ 한 단계 올라가다

■ (　　)탓에
　A가 │ 정신 차리다
　　　 │ 무릎 꿇다

■ reveal
　(= unveil) : 밝히다(드러내다)

■ annihilate

⇨ bring ~ to an end

❑ do a good job
    terrific
    wonderful
     +
    bad
    terrible

❑ do a superb research
  do an irresistible damage to ~
     irreversible
      +

❑ make a moving plea for ~
  make an epoch making progress
    an unexpected promise
    an irreversible decision
    a distinctive debut
      +

* 기본동사(do/make 등)와 기능적 명사를
조합할 때 명사 앞이나 뒤에 형용사 기능
을 보탤 수 있다? 동작을 구체적으로 묘사
할 수 있다.

❑ kick a goal
  hand
  shoulder
  head
   +

❑ rip a hole

= exterminate

= incinerate

▪ perform well

▪ perform badly

▪ 훌륭한 조사를 하다
  <u>저항할 수 없는</u> 손상을 끼치다
  <u>돌이킬 수 없는</u>

▪ 획기적으로 발전하다
  예상 못 한 약속을 하다
  돌이킬 수 없는 결정을 하다
  돋보이는 첫 등장을 하다

▪ kick(a ball and make/get)
  a goal
⇨ 골을 차다(×)
  (공을)차서 골을 만들다(○)

▪ rip (the surface of

tear
kick
smash
break
  +

      ☐ and make a hole)

⇨ ☐의 표면을 뜯어

구멍을 내다(○)

구멍을 뜯다(✕)

* make가 숨어 있다는 느낌!

〈N.B.〉

• 단음절 동사 일부(고점유율 동사)의 인지력이 중요하다. 독서(or 영자일간지 등)나 TV 시청의 경우 워낙 자주 나오기에 이들을 제대로 cover 하도록 한다.

* V+(명사)+전치사+명사

  V+형용사+명사+전치사+(명사) 등의 기능적 조합의 경우들을 살펴 둔다.

  어순 감각이 결정적으로 좋아질 수 있다.

• (   ) 위치에 주제구성어(theme-based words)가 오는 경우들을 앞에서(그리고 2-5 절에서) 필요 최소한으로 정리했다.

☐ place an order with ~

  do something about ~

  <u>What</u> did you <u>do with</u> it?

  get somewhere

  get nowhere

  등은 전후 문맥을 인지할 때 직역하는 기분으로 이해될 수 있다.

  개별 낱말들의 조합 전체가 문맥의 의미에 부합하는 경우를 일컬어 collocation(연어 : 連語)으로 부른다.

  반면에

  That will be the day.

  That figures.

■ ~에 주문하다

  ~에 조치를 취하다

  ~을 어찌하다

  성과가 있다

  소득이 없다

  (무의미한 곳에 이르다)

■ 절대 안 돼.

■ 그것 보라니까.

등은 개별 구성단어가 어군 전체의 문맥상 의미를 구성하지 않는다. 직역하는 느낌으로 감이 오지 않는다. 원어민들의 생활감정이 배어 있다. 현지에서 '생존상황'에 노출되면서 습득할 수 있는 것들임.
EFL(English as a foreign language) 입장에선 불필요. idom으로 분류한다.*

* 어군 전체를 (   )로 묶어 전후의 문맥에 맞춘다?
소극적으로 수용해야 한다.
(구사는 할 줄 몰라도 합리적 추정은 가능한 경우도 있다.)

2-4. V(count)

■ 동사단위의 순서대로 이해한다? 사실상 의미단위의 순서대로 이해하고 있는 셈이다. 동사단위를 헤아린다(count)는 mood로 아래 문장들을 직독/직해하여 본다.

○ They've been trying to get back on track the malfunctioned documentation costing them much more than expected earlier.

〈N.B.〉

1. have been trying to V ---

2. get back on track

3. costing

4. expected

* 1) 현재완료 진행형/try to V ---

  2) 목적어가 <u>back on track</u>(부사적 기능 단위) 보다 더 길어져 _____의 뒤로 이동(어순의 혼동을 방지할 목적임).

  3) 분사구문(which costs)

  4) 과거분사(than <u>it was</u> expected)

     ⇨ <u>it was</u>가 생략된 경우.

     (문어체 영어에서는 동사구문과 관련 있는 어법 개념이 체화될 수 있어야 동사 단위의 순서대로 의미단위를 잡아갈 수 있다)

○ Money will talk almost everybody into doing what he or she will not do if they are rich.

〈N.B.〉

1. talk A into ~ing

2. doing

3. will not do

4. are (rich)

* 1) A를 설득해서 ~하게 만들다

  ⇔ talk A out of ~ing : A를 설득해서 ~하지 못하게 하다

2) into(전치사) 뒤에 오는 동명사 형태

3) 부정어 not의 위치에 주의

  : 조동사와 본동사의 사이에 배치

4) are : is/am/was/were/

  have ⎫
  has ⎬ been ⇨ be 동사의 변화형태가 동사 가운데 가장 다양한 것은
  had ⎭   그만큼 자주 사용하고 있다는 증거이기도 하다

5) 구어/격식(formal)/비격식(casual style)의 표현에서 be 동사의 앞뒤 단어
  들이 연음되는 현상은 접촉의 물리적 시간이 제법 지나서 비로소 여유 있
  게 식별되기 시작한다.

  "if they are rich"를 casual dialogue의 과정에서 여유 있게 잡아내는
  것은 능력으로 된다.

O Are you feeling frustrated or sad?

  That's the very moment when you could

  put out all the stops you were born with.

〈N.B.〉

1. are feeling frustrated or sad

  ⇨ feel frustrated or sad

  (be)

2. That's = That is

3. could V ---

4. put out

5. were born with

* 1) <u>are</u> fee<u>ling</u> : 현재진행 형태

　　⇨ be 동사 대신 feel이 배치되었다는 mood로!

2) 소통상황에서 be 동사가 앞뒤 단어들과 연음되는 현상에 주의!

　<u>you were</u> born with.

3) can의 과거 형태 ⇨ I think you can put out :

　가정법 과거 형태로 현재 상황에 대한 mood를 표현

4) out을 빼더라도 형식적으로는 <u>all the stops</u> ~ 부분이 put의 목적어로 연결되는 느낌, 즉 out은 부가된 요소! 부사임.(전치사와의 구별법)

5) with의 목적어가 all the stops임.

　all the stops (that) you were born with ⇨ 목적격 관계대명사(that)가 생략 : 듣기에서 <u>선행사+형용사절</u> 단위를 잡아낸다면 사실상 의미 있는 청해 수준이다.

○ Some people complain that society is unfair while others try to do their best to survive all the seeming obstacles.

〈N.B.〉

1. complain that

2. "society <u>is</u> unfair"

3. try to do

4. do their best

5. to survive

* 1) complain 동사처럼 'that 절'을 목적어로 끌고 다니는 것들이 많이 쓰인다

　　: conclude/say/believe/think/feel/find/imagine ++

2) "be 동사 자체를 알아듣는다"라기 보다는 앞뒤의 전개적 관계를 눈치챌 수 있을 때 연음 현상에 구애받지 않게 된다.

3) try to do와 같이 to V ---를 달고 다니는 것들 : want/wish/hope/like ++

4) do research/business/one's homework 등도 살펴 둔다

5) <u>to survive</u> ~ 부분을 빼더라도 나머지 단위가 형식적으로 완전한 문장이므로/_____은 부사 위치로 판단된다 : 대개 to V --- 형태는 이런 위치에서 목적의 뜻으로 쓰인다

　　⇨ "겉으로 보기에 장애로 여겨지는 모든 것들을 이겨 내기 위해"

〇 Some crew members think out loud resulting in unnecessary anxieties among a few passengers.

〈N.B.〉

1. think out loud
　: 생각을 입 밖으로 꺼내다

2. <u>resulting in</u>　⎡ <u>which</u> results
　　분사구문　　⎣ and it
　　cf. A result in B (A:원인/B:결과)

♣ Inbetween

• be 동사와 앞뒤 어군들의 연음에 익숙해진다/ <u>선행사+형용사절</u> 단위에 익숙해진다/ 특히 동사 단위의 순서대로 들어오는 분명한 mood를 느낀다 등의 반응은 듣기에 상당히 적응되고 있다는 증거로 된다. 동시에 모국어와의 소모적 연상도 줄어들기 마련이다.

• 이 시점부터는 읽기에서도 의미단위의 인지시폭(eye span)이 호흡 단위(breath group)를 넘어서기 시작한다.

• 이 section의 정리를 읽기의 준비보다는 각자의 청해 수준을 판별해 보는 기회로 여긴다면 좋을 것(듣기 대본의 예문이라 여기자). 우선은 breath group에 적응하기 위해 CNN/BBC 등의 report/discussion/interview 프로그램에 노출한다.

2-5. V+(A)+전치사+(B)

■ (A/B) : 주제구성단위/ (또는) 전개기능단위 중에서 어느 쪽을 구성하는지?

    ① 동사와 목적어/전치사의 조합력이 대단하다

    ② --- put A on the table

    ⇨ --- put on the table A : 구문 감각

 * "put on the table"이 가구(furniture) 등의 개념이 아닌 추상적인 주제구성
단위인 A 와 만날 때/ 'table'이 A 에 속하지 않는다는 느낌을 이용하여
바로 ("put on the table"하다/ A 를)로 이해할 수 있다.

    (⇨ put on the table/ what?) : 주제전개의 관점

⟨N.B.⟩

• 구문 감각과 *mind를 서로 보정(complementation)해 가며 다양한 서술단위
에 적용하게 된다 : 구문감각이 다소 약해도 *의 시야로 응용력을 키워낼 수
있다!

❑ 앞 2-4 절에서 살펴본 것과 같이 기본 동사(make/do/take/go/bring/come/get have/put 등)와 기능적 명사(place/shape /light/life/table 등)가 조합할 수 있는 이론적 경우의 수는 엄청나다. 실제로 사용되는 범위는 이 가운데 일부만 선택하더라도 적지 않을 것.

■ 기능적 명사뿐만 아니라 기타 기능어군(together/home...) 까지 포함할 수 있다면 편안한 구사가 가능해질 수 있을 것이다.

ex1) ☐ bring A to justice

    ⇨ A come to justice by ☐

ex2) ☐ put A on the backburner

    ⇨ put on the backburner A

■ A를 심판하다
■ A가 심판받다/ ☐에 의해
■ delay = postpone
* 전후 관계를 혼동할 만큼 A
   가 on the backburner보다

ex3) put A to use(= utilize)

　　　　　　　test(= verify)

　　　　　　　death(= execute)

ex4) bring (A) back to life A

　　　　ㄴ A가 길어질 때 ↗

ex5) bring A to light

ex6) bring A to pieces

　　⇨ bring to pieces A

ex7) bring together A

　　* He finally came back <u>in one piece</u>.

ex8) ＿＿＿＿ bring A home to B

　　⇨ A come home to B

　　　　　　　by ┃ ＿＿＿＿
　　　　─────────
　　　　thanks to ┃

ex9) put A on the table

　　⇨ put on the table A

　　　　take A off the table

　　⇨ take off the table A

ex10) ＿＿＿＿ bring A to fruition

　　⇨ bring to fruition A

　　⇨ A come to fruition

　　　　　　　by ┃ ＿＿＿＿
　　　　─────────
　　　　thanks to ┃

더 길거나// A 를 강조할

때('end focus')

⇨ A 가 후치!

■ resuscitate

　(소생시키다)

■ reveal = unveil

■ A를 │ 산산조각 내다
　　　 ─────────
　　　　│ 와해시키다

■ A를 온전하게 만들다

* <u>온전한 모습으로</u>

　(주격보어 ⇨ 준보어)

■ ＿＿＿＿ 덕택에 A를 B가

　깨닫다

■ A를 다루다

　(의제 : agenda로)

■ A를 철회하다

　(안건에서 물리다)

■ A를 <u>성취하다</u>

　　　　결실 맺다

■ A가 성취되다/

　＿＿＿＿ 에 의해

♣ Perspective

• 'tone unit' 듣기나 끊어읽기를 통해 낱말배열(특히 V+전치사+A/B 등의 배
　열형태)에 익숙해지면서 A 또는 B가 주제구성단위(theme-based unit)일 때
　동사의 기능적인 틀(동사+전치사/ 또는 동사+전명구)을 영어 그대로(낯선 경

우에도) 이용할 줄 알게 된다.

---

ex11) If you insist on your position on the bill, I'll take off the table the issue of adding more members to its staff.

　⇨ take off the table을 우리말로 새기지 않고도 "좀 더 많은 직원을 채용하는 문제"를 어떻게 하겠다는 것인지를 앞/뒤* 연결문장들을 근거로 알 수 있다.

　위 _____을 처음 접하는 경우조차도 영어 그대로 수용해 가며 뒤에 오는 '긴 목적어' 단위를 앞/뒤의 문맥과 맞추어 갈 수 있다. 이와 같은 이해과정을 '구문의 주제/전개적 인지'라 부르고자 한다. 단위문의 틀(따라서 모국어의 소모적 연상습관)에 속박되어 있는 낱말들을 단락단위 이상의 시야(주제/전개의 동선을 인지하는 관점)로 다시 비추어 본다. 해묵은 낱말단위의 긴장습관(모국어의 소모적 연상습관)을 누그러뜨릴 수 있는 계기로 되기를!!

■ 당신이 그 법안에 대한 입장을 고집하면/ 나는 철회하겠다/ 좀 더 많은 직원을 고용하는 문제를.

* pp.91 참조

ex12) ▭ sign into law the bill Congress is now discussing.

　⇨ bill(법안)이 논의를 거쳐 누가 서명(sign 하면 law(법/제도)로 된다? 즉 law와 bill은 각각 제도화 과정의 서로 다른 단계에 소속한다. 제도화되기 전의 단계에 law가 속하지 않는다는 점을 이용하여

■ 서명해서 제정하다/ 국회가 논의 중인 법안을.

다음과 같이 이해할 수 있다 : ("sign into law"하다/ 국회가 논의하고 있는 bill을)

ex13) ☐☐ put on the backburner that issue of adding more members to its staff.

  * They will save more money by delaying employment.
  위 * 문장을 근거로 _____의 의미가 이해될 수 있다.

- "put on the backburner" 하다/ 직원을 더 고용하는 문제를.
  그들은 더 많은 돈을 절약할 거다/ 고용을 연기함으로써.

ex14) ☐☐ take your competence to a next higher level which has been stalled because of lack of just 2% energy and focus.

  * _____은 your competence를 길게 수식하는 형용사 문장으로 '서술부의 뼈대'를 먼저 배치한 다음 뒤로 옮겼다.
  ** have 동사의 예시가 좀 더 필요할 것 같다.

- 당신의 능력을 한 단계 더 올리다/ 집중력의 단 2% 부족 탓에 방해 받아온(능력을).

☐ He had breakfast sent up ---

- (윗층에서)그가 아침식사를 올려 보내게 했다(부탁)

☐ He had a few minutes
          left over, and ---

- 그에게 몇 분의 시간이 남아 있었다(상황)

☐ He had a sudden attack
          of anxiety, ---

- 그는 갑작스러운 불안발작을 겪었다(경험)

☐ He had a chair propped
  |
          under the knob.
   vs.

- 그는 의자를 받쳐 두었다/ 문 손잡이 아래에(상태).

❏ He propped a chair under the knob.

❏ You've been had.
  * 구어체 표현임.

■ 그는 의자를 받쳤다/ 문 손잡이 아래에(동작).

■ 너는 당했다(속았다).

2-6. V(others)

❏ 동사 + (　　) + 준동사(to V/Ving)
　　(□1 장의 <u>동사+준동사</u> section 참조)

❏ 동사 + 신체일부

> eye
> ear
> hand
> head
> heart

　　　　　+

특정 문맥구간의 직접적인 주제구성어군
(에 소속하지 않는다는 느낌)!

❏ 구어체　　⇔　　문어체

> do
> make
> have ~
> take
> get

> perform
> possess
> experience ~
> commit
> overcome

　　+　　　　　+
(□2 장의 V(vital)/V(A+전+B) 참조)

❏ 동사 + (　　) + 준동사
be likely to V ---
be apt to V ---
be liable to V ---

be│ willing to V ---

- 기능적인 조합을 'oo'개 마중물 삼아 정리한다. 나머지는 주제/전개의 동선을 살피는 시선의 여유(특히 주제/전개의 확인구간 등)속에서 소화할 수 있다.
- 신체일부를 표시하는 어군이 특정문맥구간의 주제구성어군에 해당(소속)하지 않는다는 점을 눈치채는 순간 연결동사와 엮어 동사기능단위로 삼는다. 곧이어 주제구성단위와 연결해 간다.
- ⇨(길게 볼 때) 상대적으로 점유율이 높은 단어들에 먼저 익숙해지면서 점유율이 낮은 어휘를 구체적 문맥동선에서 수용해 가는 소위 통시적 습득과정(diachronic acquisition)이다.

- "V 하기 쉽다"
- * 구체적인 문맥에서 구별할 수 있도록 한다.
  ('+' 또는 '-' image)
- 기꺼이 V 하려 하다

be unwilling / reluctant to V ---	■ V 하기를 꺼리다
be bound to V ---	■ 반드시 V 하도록 되어 있다
be happy / glad / free to V ---	■ 기쁘게 V 하다 ■ 부담 없이 V 하다
be due to V ---	
be supposed to V ---	■ V 하도록 예정되어 있다 = should
have trouble (in) ~ing / a bad time	■ ~ 하느라 고생하다
have fun ~ing / a good time	■ ~하느라 좋은 시간을 보내다
spend [____] (in) ~ing A on B ++	■ [____]를 써서 ~하다 ■ A를 쓰다/ B에
be committed to V --- / ~ing	■ V 하는 데 전념하다 (V 하겠다고 공약하다)
look forward to ~ing = anticipate	■ ~하기를 고대하다
cf. expect to V --- ++	cf. V 하기를 기대하다

❑ +신체일부

keep an eye on ~	■ ~을 주시하다
turn a deaf ear to ~	■ ~에 귀 기울이지 않다
be headed for ~	■ ~을 향해 가다
go hand in hand with ~	■ ~과 협동하다
take [____] to heart	■ [____]를 명심하다
learn [____] by heart	■ [____]를 암기하다
cry one's heart out ++	■ 통곡하다/ 심장이 나오도록 (크게)

cf. (with) one's heart out

❑ 구어체 vs. 문어체

play doctor ⇔ pretend to be a doctor

play dead ⇔ pretend to be dead

make out that ⇔ pretend that
      S+V   S+V
            ++

- 의사 ｜ 놀이하다
     ｜ 인 체하다
- 죽은 체하다
- V 하는 체하다

2-7. 내용어군의 전개적 확장 시야

〈N.B.〉

• 동사 ⟍ 명사 ⟍ 전개기능요소 (←---) *
  　　　　형용사　　주제구성요소 (←---) ★
  　　　　부사

• 참고

(←) : 둘로 나누기보다는 상대적으로 더 가깝다는 개념을 표시

❑ 예제

　ex1) --- put on the <u>table</u> * A

　ex2) --- render ☐ <u>helpless</u> ★

　ex3) ☐ sound <u>ridiculous</u> ★

　ex4) --- go to <u>nothing</u> *

　ex5) --- come to <u>one's senses</u> *

* 'compact' versions :

　ex1) --- discussion of A

　ex2) --- debilitating situations where
　　　　　 you couldn't find out a way out

　ex3) --- absurdity he shows
　　　　　 in a fashion those around him
　　　　　 usually don't reject

　ex4) --- evanescence among everything
　　　　　 around us including us

　ex5) --- her resuscitation even doctors
　　　　　 didn't expect

■ 테이블 위에 올리다/ A 를

■ ---탓에 ☐ 가 무기력해지다

■ ☐ 가 어처구니없는 것 같다

■ ---가 사라지다

■ ---가 의식을 회복하다

* '압축된' 형태들 :

■ A 의 토의

■ 탈출구를 찾을 수 없는 힘 빠지게 하는 상황들

■ 그가 나타내는 부조리함/ 주변 사람들이 대개 거부하지 않는 모습으로 (나타내는 부조리함)

■ 우리 주변 모든 것들 사이의 무상함/ 우리들을 포함하는 (모든 것들)

■ 의사들조차도 예상하지 못한 그녀의 소생(의식회복)

〈N.B.〉

• 전개되는 단위문장들이 두 개 이상 조합하여 하나의 압축단위(특히 명사구문 - ③ 장의 후반)로 바뀐다. 이때 해당 압축단위가 들어가는 문장은 길어지고 다음절어를 포함하는 경우가 많다.

• 압축적 단위를 구성하는 일부 다음절어군을 조합형태소(접두사/어간/접미사, 특히 어간)로 시각적으로 정리해 둔다(어원사전 또는 어휘참고서에서 가끔 확인요망).

| Visual extension | cuss = shake |

❑ discussion/discuss
   percussion(instrument)
   repercussion
   concussion(symptoms)
 * dis = off/per : 강조(through)/
   re = back/con : 강조(with/together)

■ 타악기
  여파
  뇌진탕(증상)

❑ evanescence/evanescent
   vanish
   vain/vanity
   vacuum (cleaner)
   vacation
   evacuate/evacuation

■ 무상함/무상한
  사라지다
  공허한/공허
  진공(청소기)
  휴가
  소개시키다/소개
  (위험 지역에서 안전지대로)

┌ vanish - disappear
vs.
└ banish - drive out
 * e = out (〈ex〉/-ence(명사)/-ent(형용사)

| van/vac = empty |

추방시키다

-ity(명사)/-ate(동사)/-ation(명사)

〈N.B.〉

• recall(회상)이나 적응을 위해 영한대역(번역)을 제시했으나 우리말 연상을 망각하더라도 어간의 형태로 연관단어들을 연상할 수 있다면 나중에 '구문의 주제/전개적 인지 mind'로 충분히 대처할 수 있다(나머지는 가급적 영한대역을 생략).

❑ resusciate/resusciation
excite/excitement/exciting
incite/incitement
recite/recital   recitation
     └ vs. - recitative ┘

* 굳이 구별하느라 전체의 편안한 연상의 고리를 끊는 대신에 특정한 문맥에서 구별하겠다는 mood이면 충분!

❑ cite = summon/ quote
citation

* re = back/sus(〈sub) = under/
ex = out/_____ment(명사)/
_____ing(형용사)/in =on/_____al(명사)/
_____ation(명사)/_____ative(형용사)

┌─────────────────┐
│ Related words   │
└─────────────────┘

❑ ╭───────────────────────────╮
   │ helpless/debilitating/   │
   │ couldn't find out a way out│
   ╰───────────────────────────╯
              ++

┌─────────────┐
│ cit = call │
└─────────────┘

■ 어간 'cit'가 call/ urge :
(재촉하다)
cite는   summon(소환하다)의
의미이나 한 곳에 모아 시각적으로 연상해 두는 것이 편리!!

■ 연관 어휘들 역시 우리말과 '1:1'로 연상하는 대신에 문맥을 구성하는 대략적인 image로 묶어 본다 :

❏　ridiculous/absurdity/reject

　　　　++

이상은 '-'(negative) image!!

이때 +/- 또는 전개기능 요소/주제구성요소(큰 idea와 작은 idea 등)로 나누어 본다.

♣ Aggregate

- 전개되는 단위문장들이 2개 이상 묶여져서 하나의 압축단위(특히 명사구문 다음 장의 후반)로 바뀌는 경우가 많다. 이때 특정단어에 이끌려 충동번역을 하는 대신에 해당 압축단위를 소극적으로 - (　　) 치고 지나가며 문맥에 끼워 맞추기 - 수용한다(3 , 5 장 참조). 이를 위해 다음절어군에 대한 시각적 적응(명사구문 등의 구문형태의 적응과 함께)이 우선 이루어져야 한다.

2-8. Sense unit

❑ They've been trying to get back on track the malfunctioned documentation costing them much more than expected earlier.

■ 그들은 회복시키려고 노력해 왔다// 고장 난 서류처리 과정을/ 앞서 예측한 것보다 훨씬 더 많은 비용을 치르게 한 (고장 난 과정을).

❑ Money will talk everybody into doing what he or she will not do if they are rich.

■ 돈은 모두에게 하게 만든다// 당사자가 하지 않을 일을/ 당사자가 부유하다면.

❑ Are you feeling frustrated or sad? That's the very moment when you could put out all the stops you were born with.

■ 좌절감을 느끼고 있나 아니면 슬픔을(느끼고 있나)? 바로 이 순간이// 내놓을 수 있는 (순간이다)/ 당신이 가지고 태어난 온갖 재주를 (내놓을 수 있는 순간이다).

❑ Some people complain that society is unfair while others try to do their best to survive all the seeming obstacles.

■ 일부는 불평한다/ 사회가 불공평하다고// 또 일부는 최선을 다하려 애쓴다/ 장애로 보이는 모든 것을 이겨 내려고.

❑ Some crew members think out loud resulting in unnecessary anxieties among a few passengers.

■ 일부 승무원들이 생각을 입 밖으로 끄집어내다가// 불필요한 걱정을 일으킨다/ 일부 승객들 사이에서.

〈N.B.〉

• ---// : 의미단위, ---/ : 호흡단위를 표시

- 'breath group'에 비해 'sense unit'의 인지시폭(eye span)은 reader의 이해도/생리적 상태/읽기 목적 등의 여건에 따라 달라질 수 있다.
- 그러나 주제/전개의 동선이 인지될 수 있기 위해 대략 호흡단위들이 두 개 이상 엮어지는 경우가 대부분이다. 영어가 외국어인 입장에서는 호흡단위에 적응하기 시작하면서 읽기과정에서 의미 있는 최소의 인지구간을 잡아낼 수 있다.

* 문어/격식체 표현에서 다음절어와 긴 단위문장의 전개는 바로 눈으로 읽어 머리로 전개동선을 계산하라는 약속된 신호로 된다. 듣기대본을 읽는 경우와는 다르다. 짧은 단위문을 소리 내어 읽는 습관에서 긴 단위문을 우선 문장성분단위(S/V/O/C 등)로 나누어 묵독하는 습관으로 전환할 수 있어야 한다.

----

3 전개표준과 명사구문(등의 압축단위)

==

■  S+V ---

```
S   ┌─ V ---
S+V │  O/C
 +  │  M
    └─ ∈ [    ]
```

ex) '큰' ⇔ '작은'
'+' ⇔ '-'
원인 ⇔ 결과
선(先) ⇔ 후(後)
등(전형적인 전개형태의
조합된 version들)

> 3 / 4 장에서
> 구문과 어휘 일부를
> 주제/전개의 용도에
> 따라 정리해 본다.

♣ 기대효과

• 어법지식과 어휘 접촉의 필요 최소의 범위를 대략 그려 본다. 3 장의 제일
중요한 의도이다. 평균적인 어휘책과 어법책 두 권의 독후감을 뛰어넘는 독자
의 반응을 기대한다. 동시에 4 장의 '예비장치의 개념을 보태면 직독직해가
한 단계 상승할 것이다!

❑ a the
  in to of

■ 부정관사/정관사?
관사가 붙는지의 여부나 용법

it is that
and ++

대략 이 아홉 단어의 단락평균 점유율이 25%나 된다. 그러나 '쉬운' 단어들의 위력을 체감하지 못하고 있는 것 같다. TV 시청이나 읽기에서 연음현상에 집중력이 분산되거나 의미단위의 이해가 깨어지는 경우는 바로 고점유율 기능어군이 체화되지 못했기 때문이다.

❑ my your his her their our some any no each every on off into out(of) across with by for up down when what where why who how or but so are was were have has been had...

대략 100여 개의 어법기능어군으로 늘려가면 단락 평균점유율이 50~60%쯤으로 된다. 구문과 어휘를 주제/전개의 용도로 정리할 수 있다면(1 ~ 4 장의 핵심) 단락 평균 절반쯤을 차지하는 기능어군에 대한 모국어의 소모적 연상을 순화해 낼 수 있을 것이다. 문장과 문장 사이의 전개 동선을 파악하는 과정에서 기능어군에 대한 시선/감각의 여유가 자라나 줄 것이다.

❑ make take get do put bring come go set.../ place table light life sense track.../say think find suppose.../

보다 연결되는 명사(구)가 주제를 구성하는지/ 전개기능을 하는지의 감각이 의미단위인지 시야에 훨씬 더 도움이 된다. 단어(내용어)나 구문을 주제/전개의 관점에서 수용하는 결과로 기능어들의 쓰임에 과민반응을 하지 않아도 된다. 그러므로 기능어의 '용법'을 앞세우는 대신에 주제/전개의 용도로 구문/어휘를 정리함으로써 생기는 시선/감각의 여유를 느끼도록 한다 :

That is why
        how
        when
        where

It is ▢ that ▢
--- put on the table
                ▢
--- bring to justice
                ▢
--- say   that ▢
        ++

등에 적응하면서 고점유율의 기능어군이 자연스럽게 체화되어 간다. 기능어와 모국어의 소모적인 연상이 해소되어 간다.

condition agreement decision...

/possible important arbitrary...

/Reportedly Hopefully Allegedly...

어법기능어군에다 약 1,000개의 기본어를 더 보태면 단락 평균 점유율이 85% 이상으로 된다. 이보다 훨씬 많은 어휘를 알고 있으면서도(본 manual의 독자들 쯤...) 실제로 특정 단락을 이만큼 평균적으로 이해할 수 있을까?

이미 '알고 있는 단어와 구문'을 주제/전개의 동선에 비추어 가며(더 많이 암기하지 않고도) 낯선 표현단위의 습득확률(a probability of acquisition)을 높혀 갈 수 있다. 해석에 몰두하는 대신에 주제/내용이 애매하더라도 주제 내용이 흘러가는 방향을 알 수 있다면 이해를 좀 더 긴 호흡으로 끌고 갈 수 있다.

* 구문/기능어군/일부내용어군(동사/명사/형용사/부사의 일부)을 특정한 전개동선과 연상함으로써 단위문에서뿐만 아니라 단락단위 이상에서 문장과 문장 사이의 시야를 만들 수 있다.(구문과 전개동선의 연상이 모국어와의 연상을 대체하기 시작하는 현상을 자각할 수 있다면 좋을 것)

특정한 구문을 근거로 특정한 주제/전개의 동선을 예측하고 확인하는 과정에서 평균점유율(어휘암기의 총량은 큰 의미가 없는 셈!)이 거의 절반을 넘어서는 기능어군에 대한 해석적 긴장(낱말단위의 긴장 - 모국어와의 소모적 연상)을 내려놓고 key

■ 특정구문이나 어휘가 연결단위의 내용적 전개를 예측할 수 있게 도울 수 있다면 모국어의 연상적 부담(낱말 한 개씩 긴장하며 수용하는 반응)을 내려놓을 수 있다 :

--- ramifications of ☐ will have a long dark impact. This is why we have to prevent ☐ from taking place within our network.

■ ramifications가 결과의 의미에 속한다는 것을 안다면,

☐ 내의 배열이 낯설어도 ☐를 원인의 개념으로 좁힐 수 있다.

■ This is why가 For this reason임을 알고 있을 때 "☐의 결과가 긴 어두운 영향을 줄 거다.

word(부분)에 대한 집중력을 키워갈 수 있다.

특정단락에서 구문을 주제/전개적으로 수용해 가는 과정에서 의미단위의 인지가 점점 더 편안해져 간다 :

❑ <u>Report has it that</u> Mr. chairman will resign before project 99 comes to fruition.
He wants not to get in the way of making it come true.
③ <u>What he fears is that his presence might give a sign to staff members that</u> chasm between management will take place resulting in a negative impact on the project.
<u>But you have to pay attention to a more honest report made by the union that</u> Mr. chairman doesn't want to invest any more money in the project.

＊ <u>보고에 따르면//</u> 회장이 project 99가 성취되기 전에 물러나겠다(고 한다). 그가 원하는 것은/ 99사업이 실현되는 데 방해되지 않는 것이다(라고 한다). <u>그가 두려워하</u>

이런 이유로 ☐가 우리 내부에서 발생하지 않도록 막아야 한다."로 파악할 수 있다. 그러므로 ☐는 'negative cause'임을 알 수 있다.

■ ☐4☐ 장에서 다룰 예비장치의 예를 다음에 소개해 둔다.

■ 보고(report)의 내용이 ＿＿이하다 : 사실상 세 번째 문장(③)까지가 보고의 내용이다.

■ 그가 두려워하는데/ 그의 존재가 직원들에게 줄 신호를 (그 신호는).

■ 사람들이 주의를 기울여야 하는 노조 측의 더 정직한 보고의 내용이 <u>that 이하로</u> 된다.

는 것은// 그의 존재가 직원들에게 신호를 줄지 모른다는 것인데/경영진의 분열이 일어나/ 99 사업에 부정적인 영향을 끼칠 거라는(신호를 줄지도 모른다는 두려움이다). 그러나 사람들은 주의를 해야 한다/ 노조 측의 더 정직한 보고에(그 보고의 내용은)// 회장이 99 사업에 더 이상의 돈을 투자하기를 원하지 않는다(는 것이다).

⟨N.B.⟩
- '다섯' 가지 문장 pattern이 얽혀 긴 문장을 만들어 가는 과정을 눈치채는 연습이 동사의 순서대로 이해하는 과정에 도움이 되었던 것처럼 특정한 구문을 주제/전개적으로 수용함으로써 주제내용에 확신이 없는 상태에서도 주제/전개의 방향감을 유지할 수 있다. 전개유형에 따른 구문/어휘의 정리(3 장)와 정보의 출처 관점/상황/배경을 표시하는 예비장치(4 장)의 이해를 통해 해석 대신에 주제방향감을 강화해 가는 방향으로 적응한다.

3-1. 전형적인 전개유형

✓ **예시** --- 큰 idea와 작은 idea 단위를 구별하는 것을 바탕으로 낯선 단위를 합리적으로 추정가능

✓ **열거** --- not just(A) but also (B)에서 출발하여 not just ☐.
--- as well. 등의 변형형태와 Besides/ In addition/ Moreover 등의 단서와 특히 (첫)단위문의 주어/목적어 위치에 오는 복수형 명사를 활용한다.

✓ **비교·대조** --- difference between A and B 등의 비교·대조의 전개동선을 압축하는 단위와 not as --- as/ more/less(---)than/ unlike ☐/ while/whereas 등의 구문을 연상해 가며 주제/전개의 동선을 예측·확인해 간다.

✓ **인과** --- reason for ☐/ result of ☐/ --- make --- V ---/ --- help --- (to) V 등의 어군을 서로 연관시켜 가며 주제/전개의 동선을 잡아간다.

✓ **순서** --- process of ☐/ That is how/ In that way/ (A) lead to (B) 등을 엮어 순서적 전개를 파악한다.

■ 생각을 펼쳐 가는 경우의 수는 사람 수 만큼 다양하다. 그러나 대략 "공통되는" 것을 추려 정리한 것이다.

■ 다양한 연상(association)의 동선들 가운데에서 공통되는 'N' 개의 유형들을 구성하는 구문과 어군은 평균적으로 점유율이 높을 수밖에 없다. 공부의 정리가 되고 있지 않다고? 단어를 얼마나 더 암기해야 할까를 고민하고 있다고? 전개유형과 구성어군/구성구문을 정리해 보자. 각자 그동안 접촉해 온 읽기소재들이 '주제/전개의 동선'이라는 'big picture'로 정리될 수 있을 것이다.
이와 함께 ☐4 장의 "예비장치"의 이해를 통해 의미단위의 순서대로 주제/전개의 동선을 그려 가는 이해의 과정에 'finish blow'를 날릴 수 있을 것이다.
☐3 / ☐4 장의 이해와 지속적 적용을 통해 각자 적응 정도에 따라 이해/수용의 향상에 더해 구사의 물꼬를 트는 계기로 되기를 기대한다.

⟨N.B.⟩

• 실제로는 표준적인 전개유형이 둘 이상 조합해 가며 하나의 주제/전개 구간을 만든다.

✓ 예시

<u>For example</u>처럼 큰 idea의 전개구간과 작은 idea의 전개구간을 구별하도록 돕는 장치를 이용할 뿐만 아니라 연결어 등의 기능적인 표시가 없더라도/ 일부 낯선 어휘의 존재에도 불구하고/ 문장성분(주어/목적어/보어)이나 단위문끼리 비교함으로써 큰 idea와 작은 idea를 구별할 정도로 어휘를 인식하는 것으로 충분하다(EFL = English as a foreign language : 영어를 외국어로 접촉하는 입장임).

foot print/finger print/blood stain/ affidavit/deposition 등이 evidence(증거)에 속한다는 느낌이면 충분.

affidavit이나 deposition은 구체적 문맥에서 의미를 좁히거나 전문적 적용을 필요로 하지 않는 경우 굳이 모국어와 연상해서 구별할 필요 없을 것이다.

■ 큰 생각 단위와 작은 생각단위를 일일이 해석하는 대신에 단순히 구별하는 것만으로도 주제/방향의 느낌이 분명해진다(특히 문어/격식체 essay 등의 경우). 이 과정에서 낱말단위의 소모적인 긴장을 엄청나게 줄일 수 있다.

⇨(pp.83~88 참조)

❑ <u>when/if/as/once</u> 부사절/ 분사구문이 포함되는 문장들이 예시(또는 부연설명)기능을 하기도 한다 : When you could get out of an imminent danger for no explicit reason, you could call it 'auditory looming'.

■ 분명한 이유 없이 급박한 위험에서 벗어날 수 있었을 때/ 이 상황을 'auditory looming'이라 부를 수 있을 거다.

❑ 선행단위에서 이미 주제/전개를 예측하고 있다면 For example 뿐만 아니라, when/if/as/once 등이 주제/방향감을 유지하는 데 시각적 단서로 된다. 글 읽기의 목적이 대의파악 등일 때 주제/전개의 확인 구간을 시각적으로 훑어 핵심에 선택·집중이 가능해진다.

❑ 큰 idea와 작은 idea의 배치를 정리해 본다

$\boxed{G}$ such as $\boxed{S1}$ $\boxed{S2}$ ...(and) $\boxed{Sn}$
$\boxed{S1}$ $\boxed{S2}$ ... $\boxed{Sn}$ and other $\boxed{G}$ (s)

A	constitute	B
	belong to	
	represent	
	stand for	
$\boxed{B}$	consist of	$\boxed{A}$
	(be) made up of	
	(be) comprised of	
	(be) composed of	

classify	A as B
identify	
categorize	

group A into B

divide	B into A
break down	

■ when/if/as/once 부사절과 분사구문이 포함되는 문장이 예시/부연설명의 기능을 할 때가 많다.

■ G – general : 포괄적인/'큰'
S – specific : 세부적인/'작은'

■ A ∈ B

A : specific idea
B : general idea

⇨ A가 B 단위에 소속하는 관계를 표시

■ $\boxed{A}$와 $\boxed{B}$의 위치가 바뀜 (주의)!

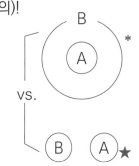

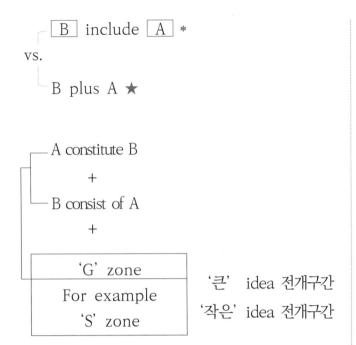

■ p.67 참조

■ 하나의 단위문장에 큰 idea와 작은 idea가 함께 배치
⇨ 압축도가 높아진다.

■ 두 개 이상의 단위문장에 큰 idea와 작은 idea가 분산되어 배치
⇨ 압축도를 완화한다.

〈N.B.〉

• 단순히 주제/전개의 유형을 분류하는 것을 넘어서서 주제/전개의 관점을 발전시켜 나간다. 구문과 어휘의 주제/전개적 용도에 대한 시야도 함께 자라난다.

• 눈으로 구문을 읽어 머리로 주제/전개를 계산한다. 마음속으로라도 입술을 움직이지 않는 철저한 묵독이라야 한다. 머리로 전개동선을 계산하는 데 집중할 수 있을 때 비로소 문어/격식체의 구문단위를 주제/전개의 동선 image로 만들어 갈 수 있다. 이것이 바로 주제/전개의 관점(or 시야)으로 자리 잡는다.

〈N.B.〉

• not just A but(also) B
　　　only
　　　merely
　　　simply
　not　　A　but　　B
* 이상의 상관구문 등은 사용빈도가 엄청나다.

❑ 두 개 이상의 단위문장으로 나뉘어 전개되
  는 경우 :

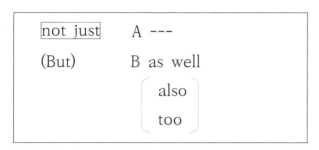

■ A 〈 B
⤷ 둘 다 긍정/ A보다는 B에 중
  점을 대개 두는 경우

```
 not    A ---
(    ) B
cf. (      )위치에 Instead나 Rather를
    쓰기도 한다.
```

■ ∈ B
: 주제 범위는 B만 해당
 (A는 제외)

❑ 첫 의미단위에 대한 반사적 반응을 키운다?
  not A 단위가 (두 개 이상의 문장으로) 전
  개되는 경우 연결되는 문장에서 (   ) B와
  같이 첫 의미단위에 부정어가 없다는 것을
  초 단위로 눈치챌 수 있을 때 비로소 <u>not</u>
  <u>A but B</u>의 전개동선을 파악할 수 있다('의
  미 있는' 시간 이내에!).

■ 4 장 (예비장치)/
  5 장 ("9" TRIGGERS)의
  [주제/전개의 관점]
* 전치 전개기능장치를 참조!!!

```
        A ---
But     B
```

* A ⇔ B
⤷ A와 B가 대조되는 경우 문장
  앞에 But 등을 표시 :
  주제범위는 A와 B가 상반되는
  image로 둘 다 포함

〈N.B.〉
• 글의 압축도를 완화하기 위해(특히 A 단위와 B 단위가 구문이 정교해지고 길

어질 때) A와 B 단위를 두 개(이상)의 단위문장으로 나누어 전개한다.

✓ 열거

She has made a big difference especially in terms of economic approaches.

--- (문2)

--- (문3)

--- (문n)

■ 그녀는 이전과는 크게 달라졌다/ 특히 경제적인 방법들이.

■ 연결문장들이 'economic approach'들을 하나씩 열거할 것으로 예측할 수 있다.

■ 바로 이와 같은 예측시야에 의해 의미단위의 융통성 있는 (낯설게 느껴질 때 skip 처리해 가는) 인지가 가능해진다!

❏ topic 문장의 key word (economic approaches)앞에
several
a few
many
some 등을 부가할 수도 있다.

■ 열거의 장치들 :
cf. a few/many/several
cf. last/next

❏ one/two/three …
first/second/third …
some/other(　)s
one/another
one/the other
the one/the other

Besides/In addition/

■ 대조/비교에도 사용
■ 3단위 이상(대조/비교에도 사용)
■ 2단위(대조/비교에도 사용)
■ 전자/후자:순서가 정해져 있어 각각 정관사가 붙은 것

Moreover/Furthermore/
Also ++

〈N.B.〉

• 각 단위문장의 어디에도 나머지 단위문들을 포괄하는(generalize) '큰' idea가
  들어 있지 않은 경우는?
  (첫 문장에 복수형태의 명사가 포함되지 않은 경우 등) :
  ① 각 단위문장들을 비교
  ② 공통점을 파악
• 공통점을 근거로 'general idea'에 해당하는 것
  (경험 범위 내의 어휘나 객관식 quiz의 경우 해당되는 선택지)을 판단할 수 있다 :
  ex) 각 단위문의 key word가
      aging/fermentation/improvement/degradation/maturity/
      revolution/evolution 등일 때
      이 구간의 idea를 포괄하는 핵심은 change로 된다.
• 전개의 동선을 파악해 가는 시야에 따라 일부 낯선 부분을 skip 해 가며 주제
  /전개의 동선을 계속 인지해 간다.

❑ Above all

    In fact/ In truth/ In reality/ Actually
    /As a matter of fact/ ++
    It is true that S+V ---
    The thing is (that) S+V ---

■ 각 단위를 열거하다가 특히
  강조하는 경우 등에 사용
  (강조의 도구들)
  '강조'는 예시/부연의 전개와
  함께 전달자의 의도를 repeat
  하는 기능이다.
■ 때로는 교정(correction)의 기능
  을 하기도 한다.

❑ It is (   ) that (S) V (O) +
⇨ (   )가 강조된다.

S + do/does/did (actually) V ---

비교급 + than any other 단수명사

- ❏ not A   until B
  not A   unless B
  not A   without │ ~ing
                      │ B

- ❏ You <u>cannot</u> emphasize
  your health <u>too much</u>
                  <u>enough</u>
                  <u>to excess</u>
                    ++

✓ **비교 · 대조**

- ❏ (The/the)
  difference between A and B
  discrepancy
  gap
  hiatus
  chasm
  schism
  conflict
  contradiction
  disagreement
  disharmony
  discord
  divide
         ++

- ❏ A not as --- as B

- ■ 최상급의 의도

- ■ A가 가능한 시점은 B 이후
  A가 긍정되는 조건은 B이다.
  A할 때는 언제나 ~/ (B)한다.
  의미단위 (A/B 등)의 순서대
  로 이해한다!
- ■ 건강은 아무리 강조해도 충분
  할 수가 없다.
  '부정(negation)'이 아니고
  ⇨ 강조(강한 긍정)!

- ■ 비교와 대조는 공통부분이 있
  으므로 대개 함께 묶어 분류
  한다.
- ■ 비교/대조의 문맥을 압축하는
  명사 구문 형태임(주어/목적
  어/보어 자리에 위치)

- ■ 비교/대조의 전개과정에 사용

```
more  ⎱
      ⎰ ( --- )than
less  

Unlike  ☐

While(while)/whereas

But/However(however)/yet/

Still/Conversely/In contrast/

On the other hand/Though(though)

        ++
```

* compare A with B

- A와 B를 비교하다
- ⇨A를 B에 '비유'할 때는 with 대신에 to를 쓴다.

☐ A   outlive   B

    outsmart

    outwit

    outdo

    outperform

    outmaneuver

    outweigh

    outbuild

    out ☐

- out(접두사)가 붙는 비교타동사들이 적지 않게 쓰인다.

- A가 B보다 한 수 위다(술수가 더 높다)
- A가 B보다 더 많이 건조하다

A   survive   B

   exceed

   excel

- outlive

cf. A <u>undersell</u> B

- A가 B보다 더 낮은 가격으로 판매하다

☐ incompatible

preposterous

contradictory

paradoxical

ironical

- 모순/대조를 표시하는 형용사
- 문맥의 일부(모순/대조를 전개하는 구간)를 압축하는 경우에 하나의 형용사로 단위문장으로 독립시켜 강조하기도

되는 장치들

incongruous

(= incongruent)

irrelevant

(= off | the point)

  beside

    ++

❑ mutual (benefit)

reciprocal (relations)

coexistent

cooperative

harmonious

complementary

    ++

❑ commonality

interface

common interests

complementation

synergy

    ++

❑ A (be) similar in ☐ to B

⇨ A and B have ☐ in common

cf. A (be) different in ☐ from B

한다.

■ 공통/유사를 표시하는 형용사

■ 공통/유사를 표시하는 명사

⇨(공통의 이해)

■ A는 유사하다/ ☐가 B와 (유사하다)

⇨A와 B는 ☐가 공통점으로 된다

cf.A는 다르다/ ☐가 B와 (다르다)

- 구문과 어휘의 주제/전개적 용도?

  difference   between A and B ++

  distinction

  A contradict B ++

  Ironical!   ++

- 기본적인 전개의 틀(문어체/격식체 영어의 경우)을 구성하는 구문(늘 접하고 있는 어법기능어들이 포함)과 함께 동사, 명사, 형용사, 부사의 중요한 일부(전개기능과 주로 관계있는 – 따라서 단락 평균 점유율이 높다)를 정리해 보는 효과는 매우 크다. 다만 A와 B의 위치 등에 오는 어휘들은 미리 정해 두고 암기하느라 애쓸 필요가 없다는 점을 깨닫고 적용하도록 한다.

- A와 B 위치에 오는 어휘들은 특정 단락의 주제를 직접 구성하는 주제구성어(immediate theme-based words)로 된다. 예시(부연/강조) 등의 전개 동선에서 주제문장 등에 포함되는 주제구성어 일부를 몰라도 전개기능을 이루는 기능적인 구문/어휘 등을 이용함으로써 의미단위를 순서대로 이해하는 과정에서 주제/전개의 일관된 전개동선을 그려낼 수 있다. 다시 말해서 ③ 장과 ④ 장의 정리를 통해(표준적인 다섯 전개 유형들 중 대개 두 개 이상이 조합되는) 전개 동선을 예측하면서 때로 주제구성단위와 "예비장치"를 구별함으로써 해석 연상적 착오(사실은 모국어와의 소모적 연상임)를 줄일 수 있을 때 어법지식과 어휘의 과잉 input을 완화해 갈 수 있다.

✓ **원인/결과**

❑ (The/the)

  reason for 결과

  cause of

  factors of

  motive of

      +

■ □□□를 구성하는 단어가 낯설어도 전후에 전개되는 인과의 전개기능장치 등을 근거로 의미를 좁히거나 적어도 인과의 전개동선은 파악할 수 있다.

result of 원인

outcome

consequence

ramifications

repercussions

aftermath

(ripple)effect

+

A(S+V) because B(S+V)

since

for

□ 원인/결과를 두 개(이상)의 단위 문장으로
나누어 전개하는 경우

$\boxed{B}$

That(This) is <u>why</u> $\boxed{A}$ (S+V)

(= the reason)

┌ = For <u>that</u> reason

vs.   this

└ $\boxed{A}$

That(This) is because $\boxed{B}$ (S+V)

□ 인과의 전개를 (대개) 구성하는 동사

☐ attribute $\boxed{A}$ to $\boxed{B}$

ascribe

impute

blame $\boxed{A}$ on $\boxed{B}$

■ 원인/결과를 하나의 단위문장
에 압축하는 경우

■ 이유/원인 표시의 접속사

'unknown' cause/reason

'known'   "

'logical' │ ground

│ foundation

│ base

rationale

■ B : 원인/이유

A : 결과

■ A와 B의
위치 바뀜에 주의!!

■ (A : 결과, B : 원인/이유)

B bring about A

⇨ Because of B

A come about

happen

occur

take place

(transpire)

B cause A

trigger

B result in A

A result from B } vs.

A (be) due to B

가 come | from 나

arise

stem

originate

get A to V ---

cause

help

force

allow

permit

+

☐ make A V --- (사역동사)와 함께 인과의

■ B : 원인/이유

A : 결과

■ A/B의 위치에 주의!!

■ 나 = 가 의 출처

(= sources)

cf. arise from이 result from

의 의미로 될 때도 있다.

('절대적' 사례는 없다! 주제/

전개의 시야는 바로 이 점을

경계한다)

■ ☐(의 V 행위) 때문에/

(또는) 덕택에 A가 V 하다

■ 직역(☐가 A에게 V 하게

하다)에 매몰되어 인과의 전

개동선을 놓치기 쉽다는 점을

지적해 둔다!!

■ '인과의 의미' 또는 '사역의 의

전개를 구성하는 5형식 동사
(단위문이 긴 문어체 영어의 경우!)

[ ] ask	A to V ---
beg	
tell	
motivate	
encourage	
enable	
order	
urge	
require	
advise	
incite	
importune	
++	

미'를 떠나 한 공간에 '[ ] A to V ---' 틀을 기준으로 정리해 보는 효과가 있다.

■ 일부 낯선 단어에도 공통되는 배열의 모양과 전개동선을 근거로 합리적으로 추정할 수 있다. 의미를 특정하지 못해도 전개동선을 인지하는 데 문제는 없을 것이다.

✓ **관찰**

❑ "구문을 주제/전개적으로 수용한다"
<u>A loophole in the law</u> allowed them to escape prosecution.

■ 법의 허점 때문에 그들이 기소를 피했다.

⟨N.B.⟩

• [ ]의 의미를 파악하지 못하는 경우에도 allow A to V ---의 전개적 기능을 역이용할 수 있다.

• [ ] 때문에 A가 기소를 피했다?/
앞 또는 뒤의 단위문장에서 [ ]의 의미에 대한 이해의 단서를 발견할 수 있다.([ ]를 ( )치고 지나가서 문맥 동선과 match 시키는 소극적 수용을 구사한다는 의미임).

□ [　　] keep A from ~ing   ■ [　　](의 V 행위) 때문에/
              hold   (또는) 덕택에 A가 ~하지 못
              stop   하다

              prevent

              prohibit

              inhibit

              deter

              disrupt

              disable

              discourage

              (dissuade)

              restrain

                 ++

□ [　　] forbid A to V-

┌─(사람주어가 금지하다/ A가 V 하는 것을)

vs.

└─(상황+ 때문에 A가 V 하지 못하다)   cf. "forbid A from ~ing"의
                                         형태도 보인다.

┌─[　　] talk A into ~ing

vs.

└─[　　] talk A out of ~ing   ■ persuade A to V ---

                                        ■ dissuade A from ~ing

✓ 순서적 전개

□ (The/the) process of [　　] :   ■ 순서적 전개과정을 압축하는
                 (procedure)   단위로 쓸 수 있는 단어들

transformation/change/progress/   ⇨ 이것들을 [　　]에 넣어 순서
development/amelioration/   적 전개과정을 강조할 수 있
deterioration/improvement/   다.
maturity/unfolding/revolution/
evolution/reformation/aging/

innovation/
complementation ++
sequence/continuum/session/step/
stage/leg/phase ++

■ 기타 순서적 전개를 구성할
수 있는 것들

〈N.B.〉

• 순서적 전개과정을 압축하는 명사구 등을 구성하는 다음절어 일부는 기능적인
단서(이하)를 활용하여 추정할 수 있다. 또는 해당 압축단위(특히 S/O/C 위치
에 오는 명사구문 등)를 그대로 두고 앞/뒤의 문맥을 파악할 수도 있다.

• 표준적인 전개동선을 구성하는 어휘나 구문 일부를 마중물 삼아 정리해 둘 때
나머지 미처 정리하지 못한 단어들(표준적 전개유형이 둘 이상 융합적으로 전
개되는 문맥구간이나 특정 문맥의 일부를 압축하는 의미단위를 구성하는 단어
일부)도 때로 의미를 좁혀 내지 못하더라도 앞/뒤의 전개방향을 파악함으로써
사실상 해당 어휘의 의미를 이해한 셈으로 된다. 이 부분은 향후 낱말단위로
모국어 단어와 연상하는 반응의 방식을 구문을 특정한 주제/전개의 동선으로
인식하는 반응으로 바꾸어 가는 과정에 큰 계기로 된다.(pp.83~89 참조)

* 의미단위를 구성하는 단어들의 자구적인 뜻을 하나씩 조립하여 의미단위를 인
지하는 것이 아니라 의미단위(익숙한 단위들을 기반으로 낯선 단위들을 파악하
는 과정에서 인식되는 주제 전개의 특정한 동선을 구성하는 최소단위)들의 연
결동선의 개념구조에 특정한 낯선 구성단어를 match 시킨다는 mood로 시선
과 인식을 관리한다. 이를 위해 필요한 기능적인 단어들을 익혀야 한다. 이 지
점을 넘어서는 단어들은 문맥에 근거해 추정할 수 있는 어휘 범위에 속한다.
소위 인식어휘(recognition voc.)로 된다.

❑ That(This) is <u>how</u>   S+V ---
                (= the way)
    (= In that way)

■ 순서적 전개과정을 구성하는
장치들
(그런 과정을 거쳐서 S가 V
하다)

By ~ing --- S+V ---

        (by ~ing ---)

In turn ('이번에는')

(~함으로써/ 수단 · 방법뿐만 아니라 순서적 과정을 구성할 수 있음)

❏ *(And) Then/~and(then)

S+V --- ~ing

        (분사구문)

■ 5 장(주제/전개의 관점 : and/or/but의 확장) 참조
'부대상황'을 표시⇨연속적 상황의 경우
(*'인과'를 의도하는 경우도 있음)

■ 시간순서의 전개동선을 구성
A (선순위)/
B (후순위)

❏ <u>That's when</u>   S+V ---

(= At that time)

A(S+V ---) before B(S+V ---)

B(S+V ---) after A(S+V ---)

cf. A and (then) B ++

❏ 전개의 개념을 신속히 정리하기 위해 이 page뿐만 아니라 "전개표준" section은 예문을 대부분 생략 ⇨ 3 과 4 장을 읽은 후 각자 소장하고 있는 원서/독해문제에 개념을 적용하기를!

■ 본서의 핵심은 4 장(예비장치)임!

❏ A lead to B

        precede

        predate

A (be) followed by B

A come/go before/ahead of B

cf. A lead to B
(A:원인/B:결과의 경우도 있음)

■ A (선순위)
B (후순위)

✓ 기타

❏ order

sequence

■ (연속)의 개념

continuum

succession

series

7 | <u>successive</u> | days
  | consecutive |
  | straight |

⇨ 7 days in a row

| A | succeed to | B |
| A | succeed | B |
    follow
    come after
one after the other
one after another
┌ alternative
vs.
└ alternation
cf. take turns ~ing-/to V ---

■ ≠ success(성공)

■ ≠ successful(성공적인)
■ (7일 연속해서)

■ | A |가| B |를 상속하다
  | A |가| B |를 계승하다
      (뒤를 잇다)
■ (교대로 - 범위 : both 이상)
  (차례대로 - '3' 이상)
■ other choice(대안)

■ 교대(하기)
  (교대로 ~하다)

3-2. 명사구문(등의 압축단위) 간단 정리

■ 특정한 단락이나 글 단위에서 단위문들을 일관성있게 펼치기 위해 대개 문맥의 일부 또는 전체를 압축하는 의미단위(압축단위)를 사용한다. 이것은 주제문뿐만 아니라 전개 문장에서도 사용한다. 주제/전개의 특정한 구간을 압축했다가 다시 전개해 가는 과정에서는 '주제문'의 관념이 아니라 문맥을 압축하는 구문과 구성어휘의 특징을 알아야 한다.(압축단위의 인지의 결과로 주제문이 이해된다)

■ 압축단위(특히 문어체 영어의 경우)는 각 단위문들이 의도된 전개동선에서 이탈하지 않도록 관리하는 용도로 쓰인다. 특정한 단어/구/문장의 형태로 압축단위가 사용된다. 특히 명사구문 일부(명전명+구/명명+구/명형[절]구 등)를 충동 직역함으로써 상응하는 전개단위까지 낱말단위의 긴장이 계속되는 결과로 의도하는 문맥동선을 비켜 가든지 특정내용에 어울리지 않는 읽기 긴장의 과잉으로 흥미를 잃기 쉽다. 바로 이 지점에서 문어체 영어의 적응에 왜곡이 생길 수 있다. 압축단위(특히 명사구문 일부)의 적응전략을 소개한다.

❑ Different music arouses <u>different emotions</u> in listeners.

* <u>형명구</u>

■ 음악마다 <u>다양한 감정을</u> 일으킨다/ 듣는 사람에 따라.

❑ In the 18th century journalism and advertisement <u>used fear</u> to attract customers' attention.

* <u>동사+명사</u>

■ 18세기에 언론과 광고 분야는/ <u>공포를 이용하여</u> 고객의 주의를 끌려고 했다.

❑ <u>Not every marine was a hero</u>.

> * 이상과 같은 간단한 형태에서 다음과 같은 정교한 형태를 쓰기도 한다.

■ <u>모든 해병이 다 영웅은 아니었다</u>.

❑ Only through frustration and despair could they learn <u>to delay gratification if needed.</u>
  * <u>to V(부정사)</u>

■ 좌절과 절망을 거쳐서 비로소/ 필요할 때 <u>욕구를 지연할 줄</u> 알게 되는 것 같다.

❑ She is destined to meet with <u>a serendipitous event where you could get inspired not to give up your dream.</u>
  * <u>(형)명형절구</u>

■ 그녀는 만나게 될 운명이다/ <u>꿈을 포기하지 않도록 영감을 받을 수 있는(행운을 불러들이는) 사건을</u>(만나게 될 운명이다).

❑ <u>Auditory looming</u> will work even if you are not prepared for an unsolicited event.
  * <u>형명구(★)</u>

■ (Auditory looming)이 작동한다/ 원치 않는 일에 준비되어 있지 않아도.

❑ U.S. will not take in <u>the prevarication and scruples</u> shown by other U.N. member nations when they are in trouble.
  * <u>명 and 명</u> ⇨ "명사 병렬구"(★)

■ 미국은 수용하지 않는다/ 곤란한 상황에서 UN 회원국들 일부가 보이는 (<u>prevarication and scruples</u>)를.

❑ <u>Transformation of mindset from ego-centered to eco-friendly</u> will take place before they eventually become mature and balanced in daily life.
  * <u>명전명( )구</u>

■ <u>자기중심적 상태에서 주변 친화적 상태로 태도의 전환이</u> 일어나고 나서 비로소/ 그들이 일상생활에서 성숙해지고 균형감을 갖게 될 거다.

❑ All you have to care is <u>how you</u>

■ 당신이 단지 신경 써야 하는

would make your way around the obstacles.

 * 명사절

❑ A fight or flee response is almost always the issue of being torn between the desire to do what you want to do and the sense of obligations.

 * 명사+전치사+동명사구

것은/ 이런 장애물들을 여하히 피하게 될 것인가이다.

■ 부딪힐까 또는 피할까의 반응 (stress 반응)은 거의 언제나/ 하고 싶은 것을 하고자 하는 욕구와 의무감 사이에서 갈등하는 문제이다.

❑ 어휘가 어느 정도 정리돼 있다면 대부분의 예문은 이해될 수 있을 것 같다. 그러나 앞의 예문 중 (★)은 _____의 구성 낱말들을 알고 있다 하더라도 해석을 시도하는 것 자체가 또 하나의 부담을 불러들일 수 있다. 바로 이와 같이 개별구성단어의 친밀감 여부와 상관없이 어구 전체가 바로 이해되지 않을 때
'auditory looming'이나
'the prevarication and scruples' 등을
* 문장성분 그대로(모국어와 소모적인 연상을 자제하면서) 수용해 가며 앞/뒤의 전개동선에 맞추어 간다.

* 압축단위는 상응하는 전개단위에서 그 의도를 찾을 수 있기 때문이다.

❑ 압축단위 일부를 소극적으로 수용하는 것이 문어체 영어 일부(esp. academic style)에서 매우 중요하다. 압축단위의 충동적 직역 습관은 낱말단위의 해석습관이 굳어지게 만드는 방향으로 가기 때문이다. 압축단위의

소극적 수용에 적응하기 위해 압축적인 명사구문 일부를 마중물(priming water)삼아 정리한다. 바로 감이 오지 않을 때 해당어군 전체를(*   )로 묶어 앞/뒤에서 파악되는 주제/전개의 동선에 끼워 맞추는 기분으로 의미단위의 인지과정을 관리한다(단어들을 한 개씩 조립식으로 모아 가는 모습으로 해석하지 않도록!!). 특히 명사구문형태에 시각적으로 익숙해진다.

■ (*   ) :
이것은 빈칸 채우기 quiz에 접근하는 것과 사실상 같다!!

❑ 해당 압축단위의 앞/뒤에 오는 구문을 특정한 전개유형과 연상하도록 한다. 딱히 표준적인 전개장치가 없는 경우 의미단위끼리 연결하여 (주제)전개의 동선을 만들어 본다. 이 과정을 통해 해당 압축단위가 추정되든지 적어도 전후의 문맥을 파악하는 선에서 지나갈 수 있다.

■ ③ 장의 전반부 참조

❑ 압축단위의 구성단어의 대부분이 다음절어이므로 고점유율의 다음절어를 구성하는 조합형태소(combining forms : 접두사+어간+접미사)들을 정리하여 우선 시각적 거부반응을 다스려 간다.

■ 가끔 어원사전이나 어휘참고서에서 조합형태소들을 시각적으로 정리해 본다.

❑ 구문일부와 특정 전개동선이 반사적으로 연상되거나 의미단위들을 연결하여 반사적으로 전개의 구체적 동선을 그려 가는 과정은 구문과 모국어의 소모적인 연상이 순화되어 가는 과정이다. 마침내 낱말단위의 충동적 해석 습관을 대체하게 되기를 기대해 본다.

Only America's overwhelming management of the Korean war <u>enabled it to be</u> fought to an acceptable wrap up. But this dominance also <u>led greatly to</u> Allied unhappiness about the course of war. Beneath a thin veneer of respect for the authority of the U.N., Americans led the war as they saw fit. Many American soldiers and politicians were angry at <u>the prevarication and scruples of allies</u> who were making so small a material contribution to the conflict. "It was a legacy of World War II that the U.S. was expected to accept (the <u>brunt</u> of commitment and sacrifice), acknowledged the British diplomat."

But this caused (the conundrum of alliance), that the way the war was commanded and conducted by one dominant nation <u>made the presence of the U.N. flag look to</u> many foreigners like (a charade). "Though we called ourselves the UN, there were so few of us," said a British Group Captain, "I felt very much an observer of an American show."

한국전쟁을 단지 미국이 압도적으로 관리한 덕택에/ 전쟁이 수용 가능한 모습으로 마무리될 수 있었다. 그러나 이러한 압도적 관리는 또한/ 전쟁과정에 대한 연합국의 불만을 크게 초래했다. UN의 권위에 대한 얇은 존경의 한 꺼풀 아래에서/ 미국은 자신들 마음대로 전쟁을 수행했다. 많은 미국군인과 정치인들이 열받은 것은/ 연합국들의 (prevarication and scruples) 때문인데/ 이 들이 전쟁에 아주 작은 물질적 보탬밖에 되지 않았기 때문이었다.

"2차 대전의 유산으로 미국이 (희생적인 결의의 부담)을 수용해야 했다"라고 영국 외교관이 인정했다. 그러나 이것이 (연합국의 문제)를 낳았는데/ 하나의 주도적인 나라가 전쟁을 지휘하고 수행하는 방식 때문에/ UN 깃발의 존재가/ 외국인들에게 (제스처 놀이)로 비춰졌다는 것이다. "우리가 UN이라고 호칭되었으나/ 그 존재가 미미했다"라고 어떤 영국의 Group captain이

The british, not excluding their prime minister, cheated themselves in supposing in 1950~53 that

they could exert a decisive influence even upon American nuclear policy.

Other nations were even less likely to rally to the UN banner ever again because of the widespread belief that

it was used in Korea in the foreign policy interest of the U.S. , whether or not this was also the cause of natural justice.

(line 2) ☐ enable A to V ---
(line 4) ☐ lead greatly to ☐
(line10) the prevarication and scruples :
　　　　뒤따르는 전개동선(영국 외교관의 긍적적인 반응과 But 이하의 단위문들은 부정적인 반응들임.)을 압축한 의미단위로 소극적으로 수용하는 것이 이후의 낯선 단위에 대한 자연스러운 수용을 이끌 수 있다.

＊(　)로 표시된 부분 역시

말했다. "나는 미국의 쇼의 구경꾼 같은 느낌이 많이 들었다"고 말을 이었다.

영국 수상을 포함하여 영국인들은 1950년에서 1953년 사이에 자기기만적으로 생각했다.

그들이 미국의 핵정책에 조차 결정적인 영향력을 행사할 수 있다고 (생각했다).

다른 나라들이 UN 깃발을 향해 혹시라도 다시 결집할 가능성이 훨씬 줄어들었던 것은 / 널리 확산된 믿음 때문이었는데 (그 믿음은)/

UN 깃발이 한국에서 사용된 것이 미국의 외교정책을 위해서였다(는 믿음)/이것(미국의 외교정책)이 또한 천부적인 정의라는 명분인지의 여부와는 상관없이.

■ 인과관계 전개

■ 정관사(the) 하나에 명사 두 개가 연결

⇨one concept임!(명사 병렬구 : 명사가 2개 또는 'N개' 병렬되는 명사구문)

문맥에서 분리했을 때 낯익은 표현인지 아닌지와 상관없이

( )그대로 수용해 가며 전개동선과 그 image를 충분히 맞추어 낼 수 있을 것 같다.

(line21) that 이하 : made --- look to --- a charade ⇨ 인과관계를 전개.

☐ 부분은 "예비장치"임

⇨ ☐4 장(예비장치)을 참조!

'압축적인' 단위는 영어 그대로 수용해 보자.

장기적인 효과 ― 모국어와의 소모적인 연상이 해소되는 효과! ― 가 크다.

■ 전쟁역사의 소재는 대개 '인과'와 '순서적' 전개형태를 많이 사용한다.

3-3. 주제구성단위(특히 압축적인 것들)가 '정교한' 서술부에 실려 있을 때 이의 식별(identify)

❑ Looks like you want to put on the table the issue of delaying gratifications during intensive sessions.

* put ⬚A⬚ on the table

  ⇨ put on the table ⬚A⬚

  (목적어인 A가 'on the table'보다 더 길어져 뒤로 배치되는 현상임)

* table이 ⬚A⬚ (주제 구성단위) 개념에 속하지 않는다는 느낌이 드는 찰나에 "(put on the table)하다/⬚A⬚를"의 느낌으로 연결될 수 있을 것이다.

■ 아마도// 당신은(put on the table) 하려는 것 같다/ 욕구 지연의 문제를/ 집중 session의 시간 동안에.

❑ Repeated talks but in vain. You're going to get nowhere if you insist on your position putting the critical agenda like nuclear disarmament under the rug.
I'm sure Mr. president will take off the table the entire peace talks he begins to show disappointment at.

* putting ⬚A⬚ under the rug/

  take off the table ⬚B⬚

■ 반복되는 회담에도 성과가 없어. 당신은 실패할 거야/ 당신의 입장을 고집하며/ 핵 해체 같은 중요의제를 (put under the rug) 제외한다면. 틀림없이/ 대통령은 (take off the table)할 거야/ 그가 실망을 보이기 시작하는 전체 평화회담을.

❑ They intend to put in abeyance the issue of nuclear disarmament and to deal with the bigger issue of

■ 그들은 (put in abeyance)하려고 한다/ 핵무장 제거의 문제를/ 그리고 낡은 핵 조약에서 탈퇴할 수 있는지의 더 큰

whether they could break loose from old nuclear treaty.

* 이번에는 "put on the table"의 경우와 달리 'put in abeyance'가 낯설게 느껴질 수 있다. 그러나 주제구성단위(nuclear disarmament/old nuclear treaty 등)에 적응해 있는 시점(특정한 글의 일부를 cover해서 주제/전개를 예측/확인할 수 있는 시점)일 때,

put in abeyance를 눈앞의 주제구성단위인 nuclear disarmament/old nuclear treaty 등을 연결하는 전개기능단위 쯤으로 수용할 수 있을 것 같다. 심지어 "put in abeyance"를 (   )치고 지나가더라도 의도된 주제/전개의 동선을 파악할 수 있을 것 같다.

문제를 처리하려고 한다.

■ "숙어"라고 여겨 무조건 암기해 왔던 적응기의 '어두운' 습관을 이제는 밝아진(주제/전개의 시야가 작동하는) 시선으로 돌아볼 수 있기를!

〈N.B.〉

• 이상에서 살펴본 것처럼 주제구성단위와 전개기능어구(= put on the table/put in abeyance/ take off the table/ put under the rug 등)를 분별함으로써 의미단위의 연속적인 인지를 유지해 간다.

* 이와 관련해서 다음의 예문을 review 해 본다.

The British, not excluding their Prime Minister, deluded themselves in supposing in 1950~53 that

```



```

* 영국수상을 포함하여 영국인들은/ 1950년에서 1953년 사이에 자기기만적으로 생각했다 (생각의 내용은)// □

Other nations were even less likely to rally to the UN banner ever again because of the widespread perception that

```

```

다른 나라들이 UN 깃발을 향해 혹시라도 다시 결집할 가능성이 훨씬 덜했던 것은/ 널리 확산된 인식 때문이었는데 (그 인식은)// ☐

• 다음 장(예비장치)에서 얘기할 전개기능장치인 예비장치의 예(앞 예시 단락의 끝부분임)를 한 번 더 제시해 둔다. "예비장치"의 구간과 주제구성단위(☐ 로 표시)의 구별과 연결감각(직독직해)을 다룬다.

----

4 예비장치

==

■ --- report(s) that
  = According to report
  = Reportedly
  = Report has it that

(주제구성단위 : theme-based unit)

■ A more honest report would have squarely faced the argument made by the former executives that

(주제구성단위)

* Report has it that 단위가 정교해진 형태임.

■ 화법전달동사(say 등)가 들어가는 의미단위가 구어표현에서 문어/격식체 표현으로 넘어가면서 기능(정보의 출처/상황/문맥·배경·관점 or 관점의 예고)의 조합(두 가지 이상의 기능이 합체)에 따라 구문이 정교해진다. 단위문장 사이의 일관성을 유지하기 위해 해당 문장의 앞에 배치되는 "예비장치"의 인지는 읽기뿐만 아니라 표현구사의 경우에서도 전환적 계기로 되리라 확신한다.

❑ 주제/전개의 관점에서 살필 때 "더 중요한 단위는 주절에/ 덜 중요한 단위는 종속절에 배치한다."는 부분은 조금은(?) 고칠 부분이 있다.

❑ Report has it that she would not step down if the negotiations fail. Actually she is now trying to push her campaign agenda that will lead to policies contradicting negotiation

■ 보고에 의하면// 그녀가 물러나지 않겠다(고 한다)/ 협상이 실패하면. 사실상 그녀가 선거공약을 밀어붙이려 하는데/ 협상조건과 모순되는 정책으

terms and conditions.

❑ _____은 분명 첫 단위문에서 주절이고 that 이하 단위(= 진목적어/it = 가목적어)가 종속절이다. 한편 연결문장과 비교해 보면 첫 문장의 that 이하 단위가 주제를 직접 구성하는 단위로 된다. 그러므로 더 중요한 idea를 반드시 주절에만 배치하는 것은 아니다.

❑ Report has it that은 'According to report'나 'Reportedly', 보고/전달의 출처를 알고 있을 경우는 "_____ reports that"으로 바꾸어 쓸 수 있다.

❑ 직접화법이나 간접화법에서 사용되는 전달동사가 포함되는 의미단위가 기능(정보의 출처/관점/전달상황/문맥 등의 특정단락의 배경 등)이 두 개 이상 조합할 때 구문이 정교해져서 전달동사의 의미단위의 위치(문장 앞/ 가운데/끝)와는 달리 해당 문장의 앞에 배치된다.
이는 문장끼리의 일관성을 유지하기 위해 문장의 앞에 두고 독자에게는 연결단위에 대한 예측감을 돕고 필자나 speaker에게는 연결단위(해당 문장의 뒷부분을 포함)에 대한 계산/심리적 준비를 돕기 위해서이다.

❑ 대개 종속절에는 덜 중요한 point를 주절에는 더 중요한 것을 배치하겠으나 '예비장

로 가는(선거공약이다).

■ (도움말)은 제시문장/ 단락의 개념구조(logical organization)를 지적해 본 것임. 원문의 의미단위끼리 비교하는 대신에 우리말과 '1:1'로 비교하는 방향으로 습관이 굳어지는 것을 경계해야 한다.

치'는 구문의 형식적인 틀을 넘어 문장과 문장 사이의 관계(특정한 주제/전개의 동선)에 따라 특정 단위문장의 앞에 배치된다 :

A more honest report would have squarely faced the argument made by the former executives that key members of the company were informed of business practices and, far from objecting, condoned their activities we now judge to have been wrong. Even the vice president went so far as to promote their aggressive approaches by financing them at the back door.

* 예비장치 mind는 단위문의 구문틀을 넘어서는 지점으로 직독/직해를 이끌어 주는 효과가 있다고 본다. 낱말단위의 긴장습관(모국어와의 소모적 연상습관)을 해소하는 데 큰 계기로 된다.

□ 흔히 직접화법이 대부분인 drama와 비교하면 essay(TV 방송의 경우는 news/discussion/interview/presentation 등을 포함)는 주로 간접화법으로 idea를 전개하는 셈이다. 이런 이유로 essay 종류는 "누가 말하더라/ 지난번 모임에서 들은 얘기는/ 앞에서 논의한 (   )에 대해 (더) 말하겠는데/ 등" 눈앞의 주제전개를 직접적으로 구성하지 않는 (정보/주제의) 출처(sources)/견해(의 예고)/배경(눈앞의 주제와 연관되는 문맥이나 배경지식 등)/ (정보

■ 좀 더 정직한 보고였더라면/ 바로 다루었을 텐데/ 전직 임원들이 전한 주장을// 회사의 핵심들에게 사업관행을 전했는데도/ 반대하는 것은 고사하고 고무했다/ 지금은 잘못이었다고 여기는 활동들을(고무했다는 주장을). 심지어 부사장은 그들의 공격적인 방식을 권장하기까지 했다/ 뒷문에서(은밀하게) 자금을 제공함으로써.

■ 편한 사이끼리 대화할 때는 대개 "예비장치"를 쓰는 일이 드물다. 간단히 남의 말을 인용할 때 외에는! 공식적인 대화/거래/토의와 글의 경우는 조리 있게 논리동선을 전개해야 하고 때로는 'fact check' 삼아 정보의 출처/관점/상황/배경 등을 밝히기도 한다.
⇨ 구어 영어와 문어체 영어의

전달의) 상황을 묘사하는 의미단위들이 적지 않게 나온다.

이런 의미단위가 기능(출처/견해/배경/상황)이 둘 이상 조합되는 형태로 단위문장에 배치될 때(대개 해당 구문이 복잡하고 길어질 수 있다) 눈앞의 주제/정보(or 단위문장들)의 일관성을 유지하기 위해 대개 단위문장의 앞에 배치된다. 그래서 이런 전개기능적 단위들을 "예비장치(preparatory devices)"라고 부르고자 한다.

❑ 예비장치는 독자(reader)나 청자(listener)에게 '상황인식(situational awareness)'을 돕는 기능으로 흐름을 좁혀 가는 데 도움을 준다. 연결되는 의미단위에 대한 예측감을 고조시키는 데 효과적이다 :

<u>I decided that</u> I would make a manual anybody could use with ease.

⇨ ＿＿＿은 간단한 예비장치임.

＿＿＿단위에다 결심할 때의 상황을 보태 보면

<u>I was reading a book when I got to an abrupt decision that</u> I would make a manual anybody could use with ease. Looks like students around me spend way too much money and energy adapting to English, the global language.

* that 이하의 의미단위와 다음 연결문장과의 일관성 (논리적/생리적 연결성)을 생각할

경계를 가르는 의미단위쯤으로 볼 수 있다 :

편한 사이끼리라도 "What I'm going to say is"로 말문을 상대가 연다면 당사자는 긴장할 수 있을 것 같다.

■ 책 한 권을 읽다가/갑작스럽게 내린 결론은// 모두가 쉽게 사용할 수 있는 소책자를 만들어야겠다(는 결론). 주변의 학생들이 엄청 많은 돈과 힘을 쓰는 것 같다/세계어인 영어에 적응하는 과정에서.

때 역시 message의 중심은 that 이하로 된다. 첫 문장의 that 이하의 단위와 두 번째 문장이 message의 동선으로 된다. 그러므로 ____단위는 전개기능단위로 된다. 이를 "예비장치"라 부르는 게 편리한 것 같다.

❑ 예비장치의 hint 단어는 '--- say that'에서처럼 say, decide, suggest, recommend 등의 동사뿐만 아니라 명사/형용사/부사의 형태로도 쓰인다. 대개 정보의 출처, 관점, 배경, 전달상황 등을 복합적으로 표현할 때 hint 단어는 동사/명사/형용사 형태가 동원된다.

* 특히 예비장치의 기능이 두 개 이상 조합하면서 구문이 복잡해지고 길어지는 것을 압축된 형태로 대신할 때가 적지 않다. 이런 과정에서 예비장치의 구문이 정교해진다. 그러나 예비장치는 쉽게 알 수 있는 hint들이 있다 :

❑ --- say   that
      realize
      recognize
      conclude
      suspect
      think
      believe
      speculate(추측하다)

■ 구어영어 등 (CNN/BBC 등의 discussion 프로그램 등)에서 절단위를 두어 개 연결하다가 message를 꺼내는 경우가 적지 않다. 문어체 영어에서는 생각을 정리한 상태에서 압축된 형태로 예비장치를 전개한다 :

(구어 style)
People don't like to
accept --- I heard from
one source that message
              ↓
(문어 style)
I heard from one source
people believe to be a
fake news media that
message

⇨ 한 소식통으로부터 들었다/ 사람들이 가짜뉴스 매체로 여기는(소식통으로부터 들은 소식은).

❑ --- stipulate   that (규정하다)

      specify   (구체화하다)

      guess

      imagine

      suggest

      convince A

      persuade A

♧ Additional tip

• find/feel/observe(말하다)/hold/see/conclude/
  don't doubt(= be sure)/urge/advise/recommend/
  demand/order/ require/request/
  move(의견을 제시하다)/ decide/ insist/ acknowledge

    ++

* ┌ ask   that   S+V --- ('요구'의 내용)

vs.

  └ ask   if   S+V --- ('질문'의 내용)

     wonder | whether

               wh-word의 일부

               (when/ where/ what/who/ which/ why/how +)

❑ 도움말

    insist | that S+⬚V ---

    suggest | 형태

 ┌ She suggested that people <u>came in</u>
 │ (indicated)   through   the   back

vs.   door.

 │ They suggested that students <u>get up</u>

▪(fact) : V 형태를 전후의 시
제에 맞춘다.(직설법 동사)
⬚ vs.⬚

(opinion) :
(should) V ---
        (<u>동사원형</u>)

```
└─      (proposed)        at 5:00.
```

- 그녀는 암시했다/ 사람들이 뒷문으로 들어왔다(라고).
- 그들은 제안했다/ 학생들이 5시에 기상해야 한다(라고).

✓ Repeat

A more honest report would have squarely faced the argument made by the former executives that ‎ A ‎

```
┌──────────────┐
└──────────────┘
┌──────────────┐
└──────────────┘ .
```

A(= 연결문장의 내용).

■ 좀 더 정직한 보고였더라면 face 했을(빼지 않고 다루었을) 전직 임원들이 한 주장의 내용(이 뭘까?) ‎ A ‎(이군!)/연결문장에서 주장의 내용(= A')을 확인하는 과정을 통해 '예비장치'의 어순감각을 강화시킬 수 있다.

❑ 예비장치 mind가 없다면 어순감각이 강화되기는커녕 ‎ A ‎단위와 예비장치의 순서감각이 혼란되는 과정에서 자기도 모르게 단어를 한 개씩 해석하든지 의미단위의 역순으로 가든지 등의 과잉긴장의 상태에 빠질 수 있다. 거듭되는 좌절감으로 읽기에 대한 흥미가 반감될 수 있다.

⇨ the argument와 that 문장이 동격관계라는 어법지식은 주제/전개 방향감을 주는 직독/직해로 연결되기 어렵다!

❑ Mr. president presided over his staff meeting at which he said : he would never give up unless the terms and conditions he had put forth were met in an irrevocable fashion his successor would never call them off.

  * _____ : 예비장치 단위

■ 대통령께서 참모회의를 주재하다가/ 하신 말씀은:// 자신이 포기하게 될 조건이/ 자신이 제시한 조건들이 충족되는 것(이라 말했다)/ 자신의 후계자가 결코 그것들을 취소할 수 없을 취소 불가능한 모습으로.

```
---idea    | that  S+V ---
   belief  |
   proof   |
   evidence|
   memory  |
   discovery|
   likelihood ┐
   odds       │   (= 확률)
   probability│
   chance    ┘
       ++
```

✓ 기타

requirement/suggestion/speculation/order/
condition/prerequisite/premise(전제)/agree-
ment/contract/conclusion/hypothesis(가설)/
testimony/statement/confession(고백)/news/
words/legend/tradition/rumor ++

❑ By using sticks rather than carrots in his education, his mother had tried to raise the odds that he would make it through the trouble he would face as an adult. Actually he was putting up well with the early stages of adaptation where almost all his other rivals already seemed to give in. But his mom didn't expect what in the future was in store for him would go counter to what she had wanted. In short her strategy

그를 교육하는 과정에서 당근 보다는 채찍을 사용함으로써/ 그의 모친이 끌어 올리려고 애썼던 확률은// 그가 어른이 되었을 때 마주할 고초를 이겨 낼(확률을 끌어 올리려고 애썼다). 실제로 그는 적응의 초기 몇 단계를 잘 견디고 있었다/ 거의 모든 다른 그의 경쟁자들이 이미 포기한 듯 보였던(초기 적응단계에서).
그러나 모친은 예상하지 못했

lacked balance — her son desperately needed the room for breath when he physically couldn't face up to her harsh discipline. Eventually he ended up in a mental health institution where he still struggles to live up to his mom's requirements disguised in love.

* (1번 문장) By using sticks ---
　　　　　　　to raise the odds that
　　　　　⇨ 예비장치
(3번 문장) But his mom didn't expect
　　　　　⇨ (간단한) 예비장치

(형용사)

❑ It is important that S+V ---

❑ They believe it important
　　　　　that S+V ---
　등의 간단한 형태뿐만 아니라

❑ He was thinking out loud making it seem important that he retain his mental health. He badly needed more sleep in order to control his lousy mouth. Sleep deprivation will get him nowhere.

다// 그에게 닥칠 미래의 모습이 모친이 바랐었던 것과 상반되리라는 것(을).
요컨대 모친의 생각은 균형이 부족했다 – 그녀의 아들은 절실하게 숨 쉴 공간을 필요로 했다/ 그가 모친의 엄격한 규율을 육체적으로 감당할 수 없는 때에. 마침내 그는 정신병원에 수용되고 말았다/ 그곳에서 그는 여전히 모친의 요구 사항에 맞추려 애쓰고 있다/ 사랑으로 포장된(요구사항에).

■ 그가 속생각을 입 밖으로 내뱉다 보니/ 중요하다고 느껴진 것이// 그가 정신건강을 지켜야 한다(는 것). 그는 더 많은 수면을 절실히 필요로 했다/ 지저분한 입을 통제하기 위해. 수면박탈 상황은 그를 좌절하게 만들 것이다.

* He was --- important that

⇨ 예비장치 : (paraphrase)

위에서처럼 정교한 예비장치들이 사용되고 있다. 그러나 역시 예비장치의 hint는 대개 발견하기 쉽다 :

--- necessary   that S+V ---
      essential
      natural
      urgent
      (be) required
      imperative(긴요한)

✓ 기타

vital/critical/tentative(잠정적인)/ temporary/arbitrary(자의적인)/subjective/ objective/mandatory(의무적으로 해야 하는)

      ++

❑ It seems arbitrary to insist that his idea is based on nonsense.

 * 예비장치의 hint 동사 : insist
           가주어   : it
           hint 형용사 : arbitrary

가 조합하여 예비장치 단위를 구성하고 있는 경우임.

(부사)

❑ Allegedly   S+V ---
     Reportedly
     Presumably
     Fortunately

■ He was thinking out loud which made it seem important that
    message

* which의 선행사 : 앞 문장

■ 단순히 '이성적 판단의 형용사'의 관념상태에서 나아가 '예비장치의 관점표시 기능'으로 수용함으로써 의미단위 인지시폭의 배가를 기대할 수 있다.

■ 자의적으로 보이는 주장의 내용은// 그의 생각 근거가 허튼소리라는(내용이다).

■ 단위문장 앞에 위치

⇨ '문장부사'라고 부르기도 한다.

Hopefully

Probably

Maybe　　→　I think (that)

　　　　　　In my opinion　| S+V --- |

　　　　　　(It) Looks like

❑ One point I found not easy to take in while talking with a few of your colleagues is that my team had begun to get down in morale by my negative reinforcements. This is why it was bound to suffer consecutive defeats and with no perspective of way out.

＊ TV 방송을 가정하면 :

One point (I found) not easy to take in ╱

(while talking with a few of your colleagues)

is that ╱ ☐

→ (　　　　) 부분이 'slur' 되어 놓치더라도 나머지 부분이 들어온다면 :

받아들이기 쉽지 않은 점이 다음단위에 나오겠지(예측단계) ;

(무슨 말인지는 모르겠으나 'is that ╱' - 올림억양 다음에 집중해야지!)

＊ 앞 문장의 message 부분과 두 번째 문장이 일관된 동선으로 연결되고 있음을 (확인)할 수 있다.

■ 받아들이기 쉽지 않은 것으로 느낀 점은/ 당신의 몇 동료들과 대화하는 동안(느낀 점은)// 우리 팀이 사기가 떨어지기 시작했었다/ 나의 부정적인 잔소리에 의해 (떨어지기 시작했었다는 점이다). 이런 이유로 우리 팀은/ 연속적인 패배를 겪을 수밖에 없었고/ 빠져나올 전망도 없었다(는 점을 받아들이기 쉽지 않은 것으로 느꼈다).

＊ 관점과 (상황)이 조합된 "예비장치"

■ 첫 문장의 예비장치가 다음 단위(문장) 앞에도 생략되어 있는 셈!!

❏ A more honest report would have squarely faced the argument made by the former executives that the stock failure had been rigged by the illegal coordination or collusion between parties concerned.

more honest   report
 (관점)표시   (출처)
would have squarely faced
(관점)
argument made by ~
(출처) executives
  ⇨ A more honest report
    --- executives that

┌─────────────────────────┐
│ 주제구성단위 │
│ (theme-based unit) │
└─────────────────────────┘

* 예비장치가 정교해지더라도 이것의 기능 (정보의 출처/관점/배경/전달상황 등)을 '구분동작'으로 따져 보면 hint 단어 (report/ argument)는 쉽게 찾을 수 있다. 물리적 접촉시간이 흘러 '연속동작'으로 한 시선(one eye span)에 잡아낼 수 있다.

✓ Repeat
❏ A more honest report would have squarely faced the argument made by the former officials that key

■ 더 정직한 보고였더라면/ 바로 다루었을/ 전직임원들이 전한 주장의 내용은// 주식 실패가 조작되었다는 것/ 관계 당사자들 사이에서 불법적인 조정, 즉 담합에 의해 (조작되었다는 내용이다).

■ would have squarely faced 가정법 과거완료 형태
⇨실제 과거의 report는 전직 임원들의 주장을 다루지 않았다는 점을 지적
⇨관점과 출처가 조합하는 '정교한' 예비장치임.

members of congress were informed of interrogation practices, and far from objecting, condoned their activities we now judge to have been wrong.

( )에 예비장치의 기능을 적어 본다 :
more honest report ( )
argument made by the
former officials ( )

* 위의 문장은 주제구성단위를 다른 내용으로 바꾸어 본 것임.

⇨ 예비장치의 hint 단어(report/argument)가 명사형태일 때 앞/뒤에 형용사어(군)을 연결함으로써 필자의 관점/정보의 출처 등을 편리하게 보태 볼 수 있다. 게다가 두 단위의 명사구 사이에 가정법 과거완료 서술형태 (would have squarely faced)를 집어넣어 과거 상황에 대한 필자의 견해/관점을 편리하게 표현할 수 있다.

■ 각자 이해된 내용을 [   ]에 채워 보시길!

✓ Another repetition
■ 3 장, p.63 제시단락의 끝 문장 참조.
(p.91도 참조)

♣ Issue

• "예비장치"라니?? 이것을 끌어들이지 말고 하던 대로 '직독/직해'하면 되지 않나? 당장은 "예비장치"가 귀찮게 느껴지더라도 결국 얻는 것이 훨씬 더 많아진다. 예비장치 mind가 없다면 문어체 영어에서 '직독/직해'가 흔들린다. 영어 접촉의 의미 있는 지속이 어렵게 된다. Why? 주어+전달동사 등의 간단한 경우와 달리 기능(정보의 출처/관점/전달상황/문맥 배경 등)이 두 개 이상 조합할 때 예비장치의 mind가 없다면 직독/직해 자체가 어려워지는 경우들이 있다.

❑ The fallacy of the passive view of perception is that it assumes that we attend to all aspects of a situation equally.

fallacy of
(관점)

the passive view of perception

(앞/또는 뒤의) 문맥을 압축하는 명사구

assumes that
(관점)

* assumes (that)
⇨ 전형적인 hint 동사임.

■ (수동적 인지의 견해)의 오류는/ 그 견해의 가정인데// 우리가 어떤 상황의 모든 모습에 동일하게 주의를 기울인다(고 하는 가정이다).

■ (   )는 영어 그대로 소극적으로 수용해도 무방
⇨압축적인 명사구!

■ The passive view of perception wrongly assumes that [   ] (해당 예비장치의 paraphrase)

❑ In the 19th century, a decisive moment occurred when people in journalism and advertisement discovered that if they framed their stories and appeals with fear, they could capture our attention.

decisive moment
(필자의 관점)
journalism and advertisement
(상황 ⇨ 19th century도 상황표시)
discovered (that)
(예비장치의 hint 동사)

■ 19세기에/ 결정적인 계기가 생겼다/ 언론과 광고 분야가 발견한 때였는데// 만약 자신들의 얘기와 강조사항을 공포로 엮는다면/ 독자들의 주의를 붙들 수 있으리라는(발견이었다).

* 예비장치의 끝 hint 단어쯤에서 focus가 뒤 단위로 넘어가는 느낌이 역력하게 들어와야 한다? 예비장치의 체화가 이루어졌다는 증거로 된다.

〈N.B.〉

• 작문/구사의 관점에서 볼 때 예비장치 mind는 상대방에게 상황인식(situational

awareness)을 도울 뿐만 아니라 전달자인 당사자도 이미 던진 말(or 앞에서 전개한 글 일부)과 앞으로 전개할 내용을 특정한 단위문장의 앞에서 잠시 계산해 볼 수 있는 기회/여유로 될 수 있다.

- 작문/구사의 관점에서 볼 때 예비장치가 정교해져 의미단위가 두 개 이상 조합할 때 주제구성단위(예비장치 뒤에 연결되는 의미단위)와 연결감보다는 경계감(주제구성단위와 전개기능단위의 분별감)을 느낄 수도 있다. 수동적 이해의 입장에서는 의미단위로 나누어 허겁지겁(주제방향감 없이) 연결하는 데 몰두하다 보면 주제/전개의 시야를 놓칠 수 있다. 긴 단위문의 경우 정교한 예비장치 탓에 구문의 인지 교란마저 겪을 수 있다.

☐ I've been thinking of giving up the project but with the discomfort that the decision will lead to many more unhappy employees rather than to a happy retired employer.
Looks like they don't like to have my replacement 'K' as their boss.

* I've been thinking of giving up the project
--- <u>당사자의 사업 중단의 의도를 끄집어내다가</u> but 등의 연결기능으로 당사자의 불편한 기분(discomfort)의 detail을 message 단위로 전개하고 있다.

⇨ 사업 중단의 의도를 끄집어내면서/또는 예비장치의 hint 기능(the discomfort)을 보태는 시점에 detail을 어느 범위까지 밝혀야 할지 등을 미리 계산해 볼 수 있다.

■ 그 사업을 그만둘까를 생각해 오다가/불편감이 느껴졌는데 // 이 결정이 훨씬 더 많은 불행한 종업원이 생기게 할 것이고/ 한 사람의 만족한 은퇴 고용주보다는 (라는 불편감이었다). 아마도/ 그들은 내 후임인 'K'를 자신의 보스로 맞는 것을 좋아하지 않는 것 같다.
(상황)
(관점)

〈N.B.〉

• 예비장치의 기능(정보의 출처/관점+/배경/전달상황 등)이 복합적으로 조합하면서 hint 단어가 동사뿐만 아니라 명사/형용사/부사로 확장되는 과정을 습득하는 과정에서 어휘 가운데 내용어(동사/명사/형용사/부사) 일부('기초단계'를 지나 '적응단계'에서 주로 연습하게 되는 종류)의 맹목적 암기에 선을 그을 수 있다. 맹목적으로 어휘를 문맥과 분리하여 암기하는 습관이 서서히 그칠 수 있다. 이 점은 동시에 직독/직해 과정에서 만나는 낯선 단위에 대한 시야집착(thought fixation)을 해소하는 데 도움이 된다.

* 앞에서 살펴본 소통/습득의 장점을 생각할 때 '예비장치' mind의 습득상 단기적 '불편감'보다 장기적 이익이 압도적으로 커진다는 점을 알 수 있다.

■ ③ 장(전개표준과 명사구문 등의 압축단위)과 ④ 장(예비장치)의 이해를 통해서 무엇보다도 '모국어의 소모적인 연상'을 완화해 가기를 기대한다. 이 과정에서 내용어군(동사/명사/형용사/부사)일부를 정리함으로써 맹목적으로(고점 유율의 내용어들의 주제전개 동선상의 구조적 용도를 모른 채) 어휘를 암기하던 습관이 해소되기를 기대해 본다.

■ 맹목적인 단어 input이 해소되면서 이번에는 이해과정에서 특정단어나 의미단위에 대한 시야집착(thought fixation)이 해소된다. 단어를 한 개씩 모아서 (부분 조립식으로) '해석'하는 고질적인 습관이 서서히 떨어져 나갈 것이다. 나아가 의미단위의 인지시폭(eye span)이 배가됨으로써 문맥상 같은 의도의 다른 표현단위(contextual paraphrase)에 대한 시야도 생기기 시작한다.

■ 전개방식을 표시하는 기본적인 구문장치(For example/In contrast/not as – as –/That is why/That is how/While ++)와 예비장치의 hint 어군 및 특정전개 동선에 특화된 내용어군(동사/명사/형용사/부사)을 '필요 최소한으로' 정리해 보는 효과는 이렇듯 매우 크다. 의미단위끼리의 예측과 확인의 느낌을 배가시킴으로써 우선 직독/직해가 속독/속해(관심분야부터 ...)로 진화하

게 돕는다. 빨리 읽을 수 있게 된다. "글 좀 읽었더니 TV 시청이 잘 안돼?/ TV 시청 좀 했더니 읽기가 잘 안돼?" 등의 접촉 상의 악순환이 해소되기 시작한다. 재차 강조하지만, 문맥 밖에서 단어를 무작위로 암기해 오던 단어집착증 - '괴로운' 습관 - 이 마침내 사그라질 것이다.

5 "9" TRIGGERS

==

■ 일부 의미단위가 주제방향감을 느끼게 하는 정도가 약하더라도(우리말 단어와 '1:1'의 연상만 아니라면) 전체적으로(주제/전개의 예측과 확인의 전체적 과정에서) 주제/방향감을 유지할 수 있다면 문제없다.

결국 주제/방향감을 느낄 수 있는 만큼 의미단위의 인지를 위한 시폭(eye span)도 비례해서 늘어난다. 다소 부족할 수 있는 구문인지의 시야가 주제/전개의 인지시야에 의해 여유 있게 확보될 수 있다(시선의 여유가 만들어져 가는 이해의 과정으로 된다면 좋겠다).

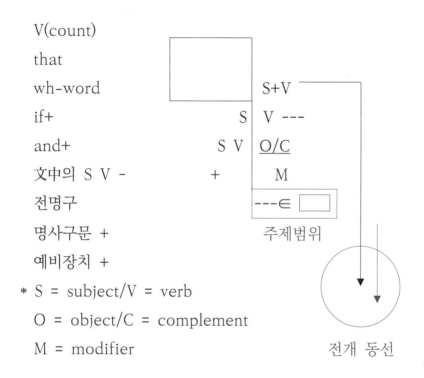

V(count)
that
wh-word
if+
and+
文中의 S V -
전명구
명사구문 +
예비장치 +

S+V
S V ---
S V O/C
+ M
---∈ [ ]
주제범위

전개 동선

* S = subject/V = verb
  O = object/C = complement
  M = modifier

■ 아홉 방아쇠("9" TRIGGERS)는 노출과 몰입의 긴 여정의 끝에 손안에 들어오는 도구이다. 그러나 영어접촉이 아직은 어설픈 상태일 때에도/ 감각과 인지의 동선에 힘을 줄 수 있는 단서이기도 하다고 본다.

(의미단위의 연결보다는 아직 의미단위의 경계에 더 신경 쓰이는 단계에서는 '구분동작'으로 아홉 단서의 앞/뒤에서 끊는 연습에 집중해야 한다)

❑ 영어를 외국어로 습득해 가는 과정에서 가장 큰 stress는 아무래도 낱말단위의 긴장반응이다. 단어를 한 개씩 모아 가는 습관이 굳어져 가면서 stress는 더욱 커진다. TV 시청 등 듣기의 과정은 'pause'나 'tone change'를 단서로 어느 정도 적응하다가 적잖은 경우 낯선 단어에 이끌려 'breath group' 듣기의 기조를 유지하지 못하고 당황하기도 한다. 읽기 역시 긴 문장과 'big word'에 압도되어 다시 단어를 한 개씩 모아가는 식으로 해석을 하는 경우가 적지 않다. 어법지식이 어느 정도 체화되고 있으나 접촉의 부족으로 인한 모국어의 소모적 연상이 적응유지에 장애로 될 수 있다.

❑ ①~④ 장에서 구문과 어휘 일부의 주제/전개적 용도를 정리함으로써 모국어의 소모적 연상의 완화를 돕고 3~8단어 내외의 평균적인(의미단위의 인지를 위한) 시선의 폭을 형성할 수 있도록 돕고자 했다.
⑤ 장에서는 <u>명사구문 등의 압축단위를 다시 돌아보고 예비장치 단위에 대한 반사적인 처리에 집중함으로써/ 의미단위의 인지를 유지할 확률을 높이는 데 도움이 되고자 했다.</u>

❑ Twentieth-century America, even more than nineteenth, <u>seemed to be a</u> woman's country.

■ 예비장치 :
예비장치 단위와 연결되는 주제구성단위 사이의 '경계감'에 집중한다.

'경계감'이 분명할수록 주제구성단위와 연결감이 배가되는 효과가 있다.

■ 예비장치의 기능(정보의 출처/ 전달상황/문맥배경/message 와 관련한 필자의 견해 or 견해의 예고 등)을 인지할 때 해당 단위문의 주제구성단위와의 연결감이 배가된다.

■ 20세기의 미국은/ 19세기보다 훨씬 더/ 여성의 나라로 보였다. 여성의 우세를/ 여러

The supremacy of woman <u>could be</u> <u>read</u> in the statistics of property ownership, ---

Women <u>ran</u> the schools and the churches, they <u>determined</u> what --- and what <u>would be heard</u> ---.

As many girls as boys <u>attended</u> <u>college</u>, and women <u>made their way</u> <u>---</u>.

<u>There were</u> a hundred magazines ---, and among them some with the largest circulation, while most metropolitan newspapers <u>had a page</u> --- and every radio station// a series of programs <u>directed</u> ---. As women <u>spent</u> most of the money, the overwhelming body of advertisements <u>was addressed to</u> them and advertisers <u>found it advisable to</u> <u>introduce</u> ---, or especially, where ---.

* // : 'had'가 생략된 자리임.

Traditionally women <u>had ruled</u> the home, but <u>only</u> in America <u>did they</u> <u>design</u> it, <u>build it</u>, <u>furnish it</u>, <u>direct</u> <u>its</u> <u>activities</u>, <u>and fix</u> its standards.

Most American children <u>knew</u> more

통계수치에서 알 수 있는데/ 재산소유권 (등의 통계수치에서...). 여성들이 학교와 교회를 관리했고/ ---을 결정했으며/ --- 듣게 될 것을(결정했다). 남자아이들과 동일한 수의 여자아이들이 대학을 다녔고/ 여성들이 스스로 해내었다 ---. 일백의 잡지가 있었고 (여성 관련 잡지 ---)/ 이들 가운데 일부는 가장 큰 발행부수를 갖고 있었는데/ 대부분의 대도시 신문들은 (여성 관련 ---)면을 포함했고/ 모든 라디오 방송은(포함하고 있었다)// (여성지향의 ---) 일련의 프로를.

여성들이 대부분의 돈을 쓰고 있었기에/ 압도적으로 많은 광고가 여성에게 주소가 표시되었고/ 광고주들이 바람직하다고 여긴 것은/ (여성 관련 ---)를 도입하는 것이(바람직하다고 여겼고)/ 또는 특히 ---인 경우에.

■ 전통적으로/ 여성들이 집안을 장악했었지만/ 미국에서만 여성들이 집을 설계했고/ 집을 짓고/ 비품을 채우고/ 집안일을 지휘하고/ 집안의 표준을

of their mothers' than of their fathers' families ---.

It was appropriate enough that/ an American, L.W., should have propounded the theory of the natural superiority of the female sex, which he called gynecocracy, and American experience appeared to validate the theory.

정했다. 대부분의 미국 아이들은 모친의 집안을 더 많이 알고 있었다/ 부친의 집안보다/---. 매우 적절하게도// 미국인인 L.W.가 주장했는데/ 여성의 천부적 우월성에 관한 이론을(주장했는데)/ 이것을 그가 '여성체제'라 불렀고/ 미국의 경험은 이 이론을 검증한 것 같았다.

■ 동사단위(_____ 부분들)의 순서대로 단위문의 줄기를 읽는지?
동시에 주제/전개의 동선을 파악하는지(주제/전개를 예측하고 확인하는지)?
* 사실상 3~8 단어쯤의 초 단위 시폭을 유지하며 의미단위의 순서대로 이해하는 과정으로 된다.

■ 끝 문장에서 예비장치(It --- that ---/ '가주어' --- "진주어"라고 전통문법에서 분류)인 It was appropriate enough that/에서 focus가 뒤 단위로 옮겨진다는 분명한 느낌. (appropriate? what? : 적절한 게 뭐라고?)을 가질 때 '예비장치' 단위를 내리고(영어어순을 거꾸로 거스르지 않는 drive가 생기는 지점!) focus를 다음 단위에서 계속 좁혀 간다는 느낌을 유지할 수 있다.

❑ 첫 문장의 내용을 두 번째 문장에서 The supremacy of woman으로 압축하고 있다. 즉 첫 문장을 문장형식 그대로 끌고 가기 불편하기도 하고 무엇보다도 첫 문장의 의도에서 벗어나지 않고 필자의 의도에 집중하기 위해 첫 문장을 두 번째 문장에서 주어위치에 명사구문(명사+전치사+명

* 그러므로 딱딱한 글일수록 압축단위가 상응하는 전개단위보다 앞에 나올 때 - 앞 자료는 뒤에 위치(게다가 'easy' style!) - 압축단위를 충동적으로 직역하면 필자의 의도에서 벗어날 확률을 높이게 된

사)형식으로 압축하고 있다. 이와 같이 압축단위(명사구문 등)를 사용함으로써 근거나 예시를 전개하기가 편리해진다. 필자의 의도나 생각을 의도하는 주제/전개의 동선에서 벗어나지 않게 관리/제어하기 위해 압축단위를 적절한 곳에 배치한다는 점을 기억한다.*

끝 문장에서 the theory of the natural superiority of the female sex 를 인용한 의도 역시 필자가 의도하는 전개 동선을 확인한 셈으로 된다. 이어 _and American experience appeared to validate the theory_ 단위가 첫 문장을 재확인해 주고 있다.

□ 명사구문 등의 압축단위와 예비장치의 인지를 통해 주제/전개의 예측과 확인의 과정을 안정화함으로써 사용범위가 겨우 수십여 개쯤에 불과하지만, 단락평균 점유율이 절반이 넘는 기능어군을 사실상 구조적으로 역이용하고 있는 셈이다.*

다. 특히 압축도가 높을수록 – 두 개 이상의 문장을 압축할 때 – 근거 문장들을 살피지 않고 압축단위를 '해석'하려는 시도는 자제해야 한다. 해당 압축단위의 '오역'이 연결단위를 처리하는 과정에서 낱말단위의 긴장습관이 재발하는 상황으로 이어지기 쉽다.

* p.118 상단 참조

⟨N.B.⟩

• that
  wh-word
            when/where/why/how/who/what/
            whether/while/whereas/which ++
        ⇨ That's when S+V ---
                why

how

what

where ++

- if +

as/once/(when)/

though/(while/whereas)/

(not) as --- as/

more --- than/

because/since/(for)/

until/unless/

before/after/

as long as(= only if)/

as soon as/ provided(= providing)

++

and (or/but/nor)

문장 가운데 S+V --- (관계대명사가 생략된 형용사절/삽입절 등)

전명구

- 위에 열거한 기능어군 등이 동사기능과 함께 명사구문이나 예비장치/ 부사절 단위 등을 구성한다. (주제/전개의 동선을 구성하는) 의미단위의 (초단위의)인지 hint로 활용할 수 있도록 적응하도록 한다.(6 장 p.146 참조)

5-1. 주제/전개의 관점

■ and/or/but이 병렬구문에 쓰인다는 사실에 기초확인을 한다.

다음으로

And then ------ 순서적 전개

　　 also ------ 열거

　　 so ------ 인과

　　 But ------ 대조/비교

등(등위접속사 뿐만 아니라 종속접속사 – if 종류 등 – /부사기능 +)의 주제/

전개적 용도를 정리해 본다 : 특히 <u>두 개 이상의 단위문장으로 나누어 전개하</u>

<u>는 경우를 정리</u>해 본다.(3 장 전반부 참조)

■ 순서적 전개

And then/ Then/ And/ In turn/

That is how/ That is the way/

In that process/ In that way ...

■ 인과

And so/ So/ That is why/

That is the reason/ For that reason

That is because (⇔ That is why :

원인과 결과를 표시하는 단위의 위치가 정반대인 점 주의!)

■ 열거

And also/ And/ Also/ Besides/ In addition/

Moreover/ Furthermore +

　　　 cf. also --- as well. (문장/절의 끝)

　　　　　　　　　 too.

　　　 (--- not ---) either . (부정문의 끝)

■ 대조/비교

But/ However (however : 주어와 동사 사이에 배치/
단위문이 짧을 때 단위문의 끝에도 위치)/
On the other hand/ In contrast/ On the contrary ++

〈N.B.〉

• '대조'와 'not A but B'의 구별 :

```
┌─────────────────┐        ┌─────────────────┐
│      A          │        │ ___not___A.     │
│ But  ┌───┐      │   vs.  │  (    )  B.     │
│      │ B │      │        │                 │
│      └───┘      │        │                 │
└─────────────────┘        └─────────────────┘
```

• 'not A but B' 구문을 두 단위 이상의 단위문장으로 나누어 전개하는 경우(일
  종의 강조적 전개).

• <u>not A but B</u>의 전개동선의 높은 사용빈도를 생각할 때 첫 의미단위에 대한
  반사적 반응이 중요함을 알 수 있다 : "첫 의미단위 내에서 부정어의 존재에
  근거하여 다음 단위문의 첫 의미단위 내에 부정어가 없다는 점을 눈치채는 즉
  시 <u>not A but B</u>의 논리관계를 신속히 파악할 수 있도록 한다!"
  ⇨ 연결장치 없이 B 단위를 전개하거나 instead나 rather를 배치하기도 한다.

* 예비장치(say that S+V--- 등)/문연결어(In fact/Instead/Rather 등)뿐만
  아니라 여타의 전치/전개기능장치(단위문의 앞머리에 배치되는 기능단위들 :
  not 등의 부정어/ That is why ---/ That is when --- 등) 등의
  단위문장의 첫 의미단위에 익숙해진다? 동사의 인지시야와 함께 글을 속독할
  수 있는 확률을 높이는 셈이다.

• S1, S2 --- and other ☐G☐(s) : 하나의 단위문(esp. S/O/C 위치) 안에 작은
  정보(S = specific idea)와 큰 정보(G = general idea) 단위가 함께 배치되
  어 있는 경우에 연결문장에서 전개되는 S1/S2 ... 등의 의미단위(단어의 경우
  도 포함) 및 ☐G☐의 의미단위를 좁혀 갈 때 S(작은 단위)와 G(큰 단위)의 논리
  관계를 이용하여 낯선 단위를 합리적으로 추정할 수 있을 것이다.

* 단순히 병렬구문의 형식적 이해를 넘어서 낯선 단위들에 대한 생각의 집착

(fixation)을 줄이는 데 도움이 되는 주제/전개의 관점이 갖는 효과를 주목해 본다.(모국어의 소모적 연상이 결과적으로 줄어든다!) ⇨ 3 장 pp.67~69 참조!

- 주제/전개의 확인단계(대의 파악이 읽기 목적인 경우 등)에서 and(순서/열거/인과의 어느 경우이든)가 "순접"(적어도 전개동선이 뒤집어지지는 않는다!)이므로 뒤 단위를 'easy cover'('소극적으로' 수용했을 법한 압축단위 등이 주제/전개의 확인 구간에서 이해될 수 있다!)나 아예 'skip' 처리할 수 있을 것이다. 이후의 각 단위문장에서 첫 의미단위 안에 "역접장치 – but 등 –"이 없다면 각 문장의 뒤 단위를 skip/ 또는 easy cover 할 수 있다. 해당 단락의 끝까지 예측된 주제/전개의 동선대로 펼쳐질 것이기 때문이다(전치/전개기능단위 특히 예비장치 – 등의 첫 의미단위에 대한 반사적 반응이 자라나면서 직독/직해가 속독/속해로 진화되는 momentum으로 된다 : 6 장 참조).

'Expect' phase	(예측 단계)
'Confirm' phase	And ('skip!'); (확인단계와 'easy cover')

----

* 문장 안에서 구문을 전개할 때 중간에 나오는 S+V --- 단위 : 이 지점에서 의미단위의 이해를 유지할 수 있다면 의미 있는 시폭(pp.133~139)이 체화된 셈이다.

문장 가운데 S+V ---
or
文中의 S V ---

❑ 삽입절

I hope you don't get dragged by <u>the ridiculous faith you believe is leading you somewhere</u>.

* 삽입절(you believe)이 있는 경우 삽입절과 형용사절의 <u>선행사</u> 사이에 주격관계대명사

■ 끌려다니지 않기를 바란다/ 당신 생각에 당신을 의미 있는 곳으로 이끌어 준다고 여기는 우스꽝스러운 신념에 의해 (끌려다니지 않기를 바란다).

(that 또는 which)는 생략하는 경향임.

⇨ the ridiculous faith (which)
you believe is leading you somewhere.

❑ 형용사절
I don't want you to put on the table
the issue my boss doesn't like to
think of.

* 선행사(the issue)와 형용사절 사이에
목적격 관계대명사(which 또는 that)가
생략

■ 나는 당신이 테이블에 올리지
않기를 바란다/ 내 상사가 떠
올리기를 싫어하는 문제를.

⟨N.B.⟩

• 어느 경우이든 ＿＿＿을 하나의 의미단위로 파악한다. speech의 경우 breath
group을 위해 ＿＿＿ 구간에서 'pause'나 'tone change'를 구사하더라도
＿＿＿ 단위전체가 초 단위로 'mental note'가 되어야 한다. '文中의 S+V
---' 단위는 삽입절/형용사절뿐만 아니라 부사기능단위 뒤에 오는 주절 단위/
병렬 단위에 오는 S+V--- 단위가 있다.(그 외 that이 생략된 목적어절/ 보어
절 등을 들 수 있다)

⇨ "각자 기초를 확인해 본다."

5-2. 전명구

■ 단위문의 앞

　In fact/ For this reason/ In that way/

　For example/ In other words/ In contrast 등을 hint 삼아 주제/전개의
　인지단계(예측 또는 확인)에 따라 연결문장(들)을 'easy cover' 할 수 있나?

■ <u>Within the view of a dog is</u>/ the same delicious treat of beef.
　(도움말) 한 마리의 개의 눈에 들어온다/동일한 맛있는 소고기 먹이가.
　⇨ _____ / : 전명전명구 + is
　('전명구'는 주어형태가 아니므로 아직 주어형태가 나오지 않았다! 적응이 성
　숙해지면서 첫 의미단위에 대한 '반사적 반응'을 할 수 있을 것)
　⇨ 다음 단위가 주어 단위일 것이므로 '초 단위'로 낱말배열을 예측할 수 있다.

❑ --- look to　　A for B
　　　turn to
　　　rely on
　　　count on
　　　depend on

❑ --- put A on the table
　　--- take A off the table

　* 목적어 (= 주제구성단위!)가 한 개다(= A).
　　table이 A(가구 등이 아닌 추상적 개념인
　　경우)에 속하는 경우가 아닐 때 바로

　　　┌ put on the table
　　　│　　또는　　　　하다
　　　└ take off the table

　　의 느낌으로 A 단위에 집중한다.

■ A에 의지해서
　B를 도모하다
　　　얻으려하다

* 특정(빈도가 높은) 동사와
짝을 이루는 전치사에 주의
한다.

■ ┌ A를 상정하다
　│　토의하다
vs.　다루다
　│
　└ A를 의제에서 제외하다

⇨ 주제/전개의 시야가 자라나면서(모국어 연상이 줄어들고/ 시폭 – eye span – 이 늘어나면서) 생성되는 감각임.

❏ attribute A to B
  ascribe
  impute
  blame A on B

■ A를 B의 탓으로 여기다.
  (A : 결과 / B : 원인)

■ A를 B에 전가하다.
        의 탓으로 여기다.

＊ 주제/전개의 시야에서 목적어(주제구성단위)가 두 개임.
  하나의 문장에 두 개의 주제구성단위(A/B)를 집중시켜 압축도를 높이게 된다.

■ B (S+V ---)
  That is why
  A (S+V ---)
  두 개(이상)의 문장으로 나누어 압축도를 완화!

❏ He came back home in one piece.
＊ 밑줄은 주격보어('준보어'/'유사보어')

■ 그가 집으로 돌아왔다./
  건강한 모습으로

❏ Rising a hundred feet from the forest floor, its soaring boughs spread out in a canopy of incomparable lushness, an acre of leaves per tree, a million or so in all.
  Though only half the height of the tallest eastern pines, the chestnut had a weight and mass and symmetry that put it in another league. At ground level, a full-sized tree would be ten feet through its bole, more than twenty feet around.

■ 숲 바닥에서 100피트나 일어서 있는데/ 그것의 솟구친 가지들이 뻗어 나가/ 비교할 수 없는 무성한 지붕을 이루었고/ 나무 한 그루 당 한 에이크 만큼 무성한 잎사귀/ 모두 합해 백만 그루는 족히 될 만큼(의 무성함이었다). 가장 큰 동부의 소나무 높이의 겨우 절반밖에 되지 않았지만/ 그 밤나무가 가진 대칭적인 육중한 덩치는/ 또 다른 반열에 끼일 정도였다. 지표면에서

[의미단위]

Rising a hundred feet
from the forest floor/
its soaring boughs spread out/
① in a canopy of incomparable
lushness/an acre of leaves per tree/
a million or so in all//

Though only half the height of the
tallest eastern pines/ the chestnut
had ② a weight and mass and symmetry/
that put it in another league//
At ground level/
a full-sized tree/would be ten feet
through its bole/
more than twenty feet around//

* a weight and mass and symmetry
⇨ 관사(a) 한 개에
   연결명사가 셋 : 하나의 concept임.
⇨ ②명형절구 형식의 명사구문
* 끝 문장에서
 "육중한 대칭적인 덩치"(끝 바로 앞 문장의
 목적어)를 상세히 전개 :
   ten feet through its bole
      : 직경이 10피트
   more than twenty feet around (its bole)
      : 둘레가 20피트가 넘는다
※ ② 단위를 영어 그대로 수용('소극적 수용')한 다
 음 끝 문장에서 ② 단위의 전개적 의미를 확인
 할 수 있다. ② 단위 역시 일종의 압축단위

볼 때/ 다 자란 밤나무는 직
경이 10피트/ 둘레가 20피트
를 넘어설 정도였다.

■ [의미단위 연습]
①단위 전치사+명사구문
(명전 [형]명구)
⇨압축단위 : ① 바로 뒤 단위가
상세하게 전개

■①과 ②를 비교
the chestnut also had an
incomparable weight and
mass and symmetry
: ①부분을 ②에서
that put it in another
league로 paraphrase 했음.

■ 명사 and 명 and 명
∈명사단위가 and로 병렬되
는 경우 :
'명사병렬구'(3 장 참조)
⇨명사구문(등 압축단위)

⇨around 뒤에
(   )가 생략
■ around는 부사의 느낌

5-3. 명사구문

❏ The ridiculous offer to which
 (the)
 he made no immediate response

 ■ 그가 즉각 반응하지 않은 우
 스꽝스러운 제의

❏ The hasty judgment people hurry
 (the)
 into with fear

 ■ 사람들이 두려움으로 성급하
 게 빠져드는 판단

❏ (　　) lengthy and lethargic state
 where some people couldn't find
 out an escape

 ■ 일부 사람들이 탈출로를 찾을
 수 없는 지루하고 무기력한
 상태

 * 이상과 같은 '명형절구'의 형식은 문어체와
 구어체를 넘나드는 느낌이다. 압축의 정도
 를 더 올리면(원서의 한 page를 읽는 느
 낌...)

 ↪ 아예 감이 오지 않을 때는 명사구문 등의
 단위 전체를 (　　) 치고 지나간다.

❏ a social facilitation

❏ (　　) positive feedback loop

❏ (　　) 'sunk cost' fallacy

❏ (　　) transformation from a EUREKA
 phase to an objective phase of
 communication :
 혼자만의 발견상태에서 객관적 소통상태로

의 변화과정 ⇨ 자구해석을 강화하는 방향
의 연습은 자제요망!

❑ The issue of separateness in close
relationship has troubled mankind
for a long time. However it has
drawn more attention from a
political view than from a marital
one. For instance, pure communism
☐.

Only the destiny of the state is
taken into account ; ☐.
On the other hand, pure capitalism
emphasizes the destiny of the
individual even when ☐.
Widows and orphans may starve,
but
☐.

It should be obvious to any prudent
person that neither of the pure
options to the issue of separateness
within relationships will be a cure
for all. ☐

❑ 이 문제(separateness in close relationship)를
(   ) 치고 지나갈 때 더 긴 전개 동선에 비추어
(   ) 자체에 신경 쓰지 않음으로써 ☐

■ (가까운 관계 안의 분리)의
문제는/ 인류를 괴롭혀 왔다/
오랫동안. 그러나 이 문제는
정치적 관점으로부터 더 많은
주의를 끌었다/ 결혼의 관점
보다는. 예컨대 순수한 공산
주의는 ☐ (☐ 를
소극적으로 cover 해 가며 이
어지는 전개동선을 살핀다!)
국가의 운명만이 고려되는데 ;
☐.
반면에 순수한 자본주의는/
개인의 운명을 강조한다/
☐할 때조차도.
과부들과 고아들이 굶주릴 수
도 있으나
☐.

모든 신중한 이들에게 마땅히
분명하게 드러나는 것은 (It
should ~ person that ⇨
예비장치) ☐에 대
한 순수한 해결방안 둘 다가
만병통치약이 아니다(라는 점
이다).

부분들처럼 'skip' 처리하면서도,
(   )에 대한 필자의 의도를 더 잘 살필 수 있게 된다.

* "이거 해석하기 쉬운데."의 반응을 다스려 연결 단위들에 주의해야 하는 특성을 압축적인 단위들이 내포하고 있다!(다음 예시단락 참조!)

❏ Although [＿＿＿＿＿＿＿＿], a major characteristic of true love is that <u>the distinction between oneself and the other</u> is always kept intact. The true lover always recognizes the beloved as someone who has <u>a totally different identity</u>.
Moreover the genuine lover always nurtures <u>this difference and the unique individuality of the beloved</u>. Failure to nurture <u>this separateness</u> is very common, however, and the cause of much mental problem and unnecessary pain.

▪ Although 주요 전개동선에서 '양보'되므로 skip 해도 상관없음

진정한 사랑의 큰 특징은/ 자신과 상대방의 구별이 늘 온전히 지켜진다(는 것이다). 진정으로 사랑하는 이는 늘/ 사랑 받는 이를 완전히 다른 정체성을 갖는 이로 인식한다. 더욱이 그는 늘 소중히 한다/ 이런 차이와 상대의 독특한 개성을. 그러나 이러한 분리를 소중히 하지 못하는 현상이 매우 흔하다/ 많은 정신질환과 불필요한 고통의 원인이다.

⟨N.B.⟩

• 앞면의 단락보다 위 단락이 조금 앞에 전개된 단락이다. ＿＿＿들을 살피지 않은 상태에서 선행단락에 나오는 [＿＿＿＿＿＿]를 '충동적으로' 직역하기 쉽다. 얼핏 보기에 "separateness in close relationship"은 - image로 오해될 수

있다. 그러나 위에서 살펴보면 + image임을 알 수 있다.

- 단락들의 전개를 연결해 보지 않고(예 : 독해문제의 제시문) 일부 명사구문 등의 압축적인 단위를 직역하다가 엉뚱한 연상 - 결과적으로 연결되는 단위들마저 삐뚤게 '해석'하는 상황 - 으로 이어지기 마련이다. 긴 문맥에서 단락 단위를 분리해 읽는 대신에 text 한 권(또는 적어도 하나의 chapter 등)을 읽는 것이 이해과정에서 모국어의 소모적인 - 때로는 부당한 - 연상을 줄이는 데 도움이 된다. 특히 단락을 여러 개 읽어 가는 과정에서 필자가 의도하거나 강조하는 주제/전개의 동선이 확인될 수 있는 구간들이 나오도록 되어 있다. 이와 같은 주제/전개의 확인구간에서 까다로운 압축적인 단위 등이 'easy cover'될 수 있다.(6 장 참조) 이래서 독해보다는 독서를 강조하는 것이다. (대안 : 영자일간지의 특정 section의 issue를 추적//CNN/BBC프로 1~2개의 시청 등)

❑ --- but it was impossible to escape the conclusion that we were hopelessly overcrowded. It occurred to me, not for the first time, how pleasant, how amazingly pleasant, it would be if ⬚.
Outside there would be a porch with rocking chairs, where ⬚.
What a comfort it would be. I was sitting on the edge of the sleeping platforms immersed in a little reverie along these lines and lost in ⬚.

■ --- 그러나 피할 수 없는 결론은(--- conclusion that : 예비장치임)// 주변이 엄청 혼잡하여 희망이 없을 정도였다(는 것이다). 처음이 아니지만 떠오른 생각은(It - to me, not for the first time : 예비장치)// 얼마나 좋을까/ 진정 좋을 것인데/ --- 하면(좋을 것이라는 생각이었다). 바깥에는 흔들의자가 몇 개 있는 현관이 있어/ ⬚, 정말 편한 거라는(생각). 침상 끝에 앉아서/ 이런 (   )에 빠져/ ⬚에 몰입하고 있었다.

[의미단위]

but it was impossible to escape the conclusion that/

we were hopelessly overcrowded

It occurred to me not for the first time

how pleasant

how amazingly pleasant it would be

if ---

Outside

there would be a porch with

rocking charis/

where ---

What a comfort it would be

I was sitting on the edge of the

sleeping platforms/

immersed in a little reverie along these lines/

and lost in _____

* 혼잡이 극심하여 '공상'(⇨ 문맥의 일부를 압축한 단어)을 할 정도였다는 point.

* 특정 전개의 구간에서 압축단위가 뒤쪽에 올 때가 반대의 경우보다 압축단위를 이해하기가 더 쉽다.

■ (   ) :
a little (reverie) along these lines : "이런 방향의 약간의 공상"

⇨ (   )치고 나머지만 살려서 (   )단위를 끌고 갈 수 있다면 충분!

■ '완전한' 문장

■ 준보어 (1)
■ (and) 준보어 (2)
　　　　　　 : 앞의 세 문장을 압축하는 명사구문임

5-4. 예비장치

■ 낱말단위의 긴장을 넘어서서 주제/전개의 동선을 체감하기 시작하는 plateau (상태/경지)에서 "예비장치"는 도구로 된다.

❑ ① I was talking with him/ with an
  ② auspicious feeling that
     this agreement would be finalized in writing.
  ① = 상황표시/② = 관점표시
     : _____은 예비장치 단위임.

■ 그와 대화하다가/ 기분 좋은 느낌을 받았는데//
이 합의가 서면으로 마무리될 것이다(라는 느낌).

〈N.B.〉

• 정보의 출처/문맥(배경)/관점(의 예고)/전달상황 등의 기능을 두 개 이상 조합할 때 구문이 길어지다 보니 연결문장과의 일관성을 감안하여 해당 문장의 앞에 "예비장치"를 배치한다. 특히 예비장치 단위에 명사구문형태(형명구/명형[절]구/명전명+구 등)를 배치함으로써 예비장치가 연결단위들과의 일관성을 훼손하지 않도록 단위의 길이를 조정한다.

❑ Our very sense of disillusionment arises from the fact that we expect more of ourselves than our forebears did of themselves. Human behavior that we find repugnant and outrageous today was accepted as a matter of course yesteryear.

■ 현대의 환멸감을 불러일으킨 사실은// 현대인이 자신에게서 더 많은 것을 기대한다는 (점이다)/ 선대들이 자신에게서 기대했던 것보다. 현재 우리가 역겹고 지나치다고 느끼는 인간 행동이/ 과거에는 당연한 일로 여겨졌다.

[의미단위]

> Our very sense of disillusionment
> * arises from the fact that

> we expect more of ourselves than our
> forebears did of themselves/

Human behavior that we find
<u>repugnant and outrageous</u>
today/
was accepted as a matter of
course yesteryear.

* A arise from B
(⇨ B cause A)
⇨ A (be) caused by B

☐ I have already pointed out in the
brief discussion of depression, toward
the end of the first section on
discipline, that depressive symptoms
are a sign to the suffering individual
that all is not right with him or her
and major adjustments need to be
done.

[의미단위]

* I have already pointed out
in <u>the brief discussion of</u>
<u>depression</u>
toward <u>the end of the first</u>

■ 예비장치 구간 :
우리들의 환멸감을 불러일으
킨 사실(의 내용)은 [   ]
(로 된다).
⇨관점표시 기능

■ 목적보어
(형용사 형태인 점에 주의!)

■ 우울증의 짧은 논의 과정에서
이미 <u>지적한 바 있다</u>// 규율
에 관한 첫 section의 끝부
분쯤에서(<u>지적한 것은</u>)// 우울
증상이 고통받는 당사자에게
신호가 된다// 모든 것이 당
사자에게 맞지 않아서/ 대대
적인 조정이 이루어져야 한다
(는 신호가 된다고 지적했다).

■ 문맥 배경 표시

■ 정보의 출처 표시
(예비장치 구간)

section on discipline that

depressive symptoms are a sign

to the suffering individual that

all is not right with him or her
and major adjustments need to be
done.

* ——————pointed out

    in   (배경)

    toward (출처) that [   ]

    [   ]

    [   ]

❑ I continued on north in the direction
I guessed he had gone, but with the
nagging thought that I was plunging
ever farther into the Hundred Mile
Wilderness
– not perhaps the best direction to
go if he was somewhere nearby and
in trouble.

[의미단위]

  * I continued on north
    in the direction I guessed
        he had gone
    but with the nagging thought that
    I was plunging farther
    into the H.M. Wilderness
    – not perhaps the best direction

■ [   ] 까지 예비장
치를 늘려 잡아도 무방!
⇨연결문장에서 우울증 증상의
역할이 전개된다
(본 memo에는 연결문장 생략)

■ hint 위치에서 주제구성단위
의 * 예측감이 that 지점까지
유지될 수 있도록 한다.
(본문)의 ——— 부분에
서 "(pointed out) what?"을
that [   ]까지 계속 느낄
줄 알아야.

■ 계속 북쪽으로 갔는데/ 내 짐
작에 그가 갔다 싶은 방향으
로/ 그러나 짜증나는 생각이
들었는데(그 생각은)// 내가
훨씬 더 멀리 H.M.W. 속으
로 빨려 들어가고 있다(는 생
각이었다) – 아마도 가장 최
선의 방향은 아닌 듯싶었다/
만약 그가 어딘가 근처에서 곤
란한 상태에 있다면 (말이다).

■ 상황표시

■ 관점 (∋ 심경) 표시
(예비장치 구간)

■ 예비장치 단위의 hint인
thought의 지점에서 focus가

to go
if he was somewhere nearby
and in trouble.
* --- in the direction (where)
<u>I guessed</u> <u>he had gone</u>
   삽입절   형용사절

뒤로 넘어간다는 분명한 느낌
을 음미한다.

❑ There was a certain incidental disquiet at the thought that I was on my own in the middle of nowhere – a disquiet briefly but vividly heightened when I stumbled in my haste on the return descent to the deep, nameless valley and came within a trice of falling fifty long feet, with a messy bounce at the bottom.

■ 앞생각에는 뭔가 불안감이 딸려 있었는데// 나 자신도 길을 잃고 있다(는 불안감이었다) – 이 불안감이 짧지만 생생하게 고조된 그때/ 서두르다가 깊은 이름 없는 계곡으로 돌아가는 내리막에 비틀거리며 들어섰고/ 순식간에 50피트나 떨어지다가/ 엉망으로 튀어 올랐다/ 바닥에서.

[의미단위]

* There was a certain incidental
<u>disquiet</u> at the thought that
I was on my own in the middle
of nowhere
<u>a disquiet</u> briefly but vividly
                heightened
when I <u>stumbled</u> in my haste
<u>on</u> the return descent to the deep, nameless valley/ and came within a trice of falling fifty long feet/ with a   messy bounce at the bottom

■ 예비장치 단위
_____ : hint 단어/
the thought(앞 예시문의 'with the nagging <u>thought</u>'의 _____에 해당함)
■ <u>불안감</u>이 순식간에 생생하게 키워진 상황을 아예 단위문의 뒤로 빼어 강조하고 있다.
■ 이 문장의 앞에 – 이하 단위를 배치할 경우 "예비장치"가 지나치게(주제구성단위보다 더) 길어져 '가분수' 꼴의 문

(참고)'come to V' pattern의 정교화 :

come within ☐ of Ving

(순식간에 V 하게 되다)

장으로 되기 때문이다.

♣ Inbetween

• '문맥 압축단위(특히 명사구문 형태)'와 "예비장치"에 시선이 열리기 시작한다? 구문을 단위문의 구성요소(주어/동사/목적어/보어 : 완전문/불완전문)로 수용하는 지점을 지나 구문을 주제/전개의 동선으로 인지하기를 기대해 본다. 전개기능장치 ☐3☐ 장의 전반부 : 전개유형별 구성어군, ☐4☐ 장 예비장치)를 이용하여 주제구성단위들끼리의 연결동선을 잡아내기 시작한다. 특정한 구문이 모국어와 연상되는 대신에 의미단위의 순서대로 특정한 주제/전개의 동선으로 바로 연상된다. 이때 시선/감각의 여유를 느낄 수 있을 것이다.

• 동사의 순서대로 이해하는 과정에서 that/wh-word/if 종류(종속접속사 : when, while, whereas, whether도 포함)/ and 종류(등위접속사)/전치사가 이끌거나 포함되는 의미단위를 문장성분(S/V/O/C 등)의 시선을 넘어 단락과 더 긴 단위(원서 등)의 논리전개를 구성하는 주제구성단위와 전개기능장치로 인지하는 시야로 진화하기를 기대한다. 이럴 수 있을 때 비로소 호흡단위(breath group)를 넘어서 의미단위(sense unit)라 부를 만한 반사적인 시선의 폭(eye span)이 만들어지게 된다. 구어체 영어표현과 다른 문어/격식체 영어표현 단위에서 특히 압축적인(특정한 주제/전개의 동선을 압축하는) 단위를 소극적으로 수용함으로써 모국어와의 불필요한 소모적인 연상을 크게 줄이게 된다.

5-5. 주제/전개의 인지를 위한 의미단위 인지의 시폭

❑ Only America's absolute dominance of the Korean campaign enabled it to be fought to a tolerable conclusion.

[의미단위]

* Only America's absolute dominance of the Korean campaign/
enabled it to be fought
to a tolerable conclusion.

❑ Mr. president will <u>sign into law</u> the bill congress is now dealing with.

[의미단위]

* Mr. president will sign into law the bill congress is now dealing with.

- sign A into law
⇨ sign into law A
(긴 목적어 A 가 전명구 – into law 의 뒤로 배치되는 현상임)

❑ They've been trying to bring them to their senses, not to their knees.

[의미단위]

* They've been trying to bring them

■ 한국전쟁을 미국이 절대적으로 주도한 탓으로/ 전쟁의 과정이 받아들일 만큼의 마무리에 이를 수 있었다.

■ ☐ enable A to V

⇨인과를 서술하는 형태.
■ 대통령이 서명해서 법제화할 거다 ("sign into law"할 거다)/ 국회가 현재 다루고 있는 법안을.
■ law가 되기 전에 bill(= 법안)이 국회의 의결을 거친다 : 따라서 law와 bill은 제도화 과정에서 서로 소속개념이 달라서 <u>sign into law</u>가 전개 기능단위로 된다. ⇨"sign into law" 하다/ what?의 느낌으로 수용할 수 있다.
■ 그들은 애써 왔다/
그들을 정신 차리게 하려고//
굴복하게 만들려고 한 게 아니다.

to their senses/ not to their knees.

❑ And so the day went, with monumental climbs and the hope of water over the next hill the principal thing drawing us on. He was soon out of water altogether.

[의미단위]

* And so the day went/ with monumental climbs/ and the hope of water over the next hill/ the principal thing drawing us on//

He was soon out of water
            altogether
 – with monumental climbs
   and (with)

| the hope of water over the next hill | Ⓐ |
| the principal thing   drawing us on | Ⓑ |

⇨ And so the day went as we had monumental climbs. And we (even) hoped water would wait for us over the next hill. This was the main (principal) reason we could keep climbing.

■ 그러다가 그날은 지나갔다/ 엄청난 몇 번의 경사면 이동이 있었고/ 다음 언덕 너머에 물이 있을 거라는 희망이/ 우리를 이끄는 큰 동기가 되는 가운데 (날이 지나갔다). 그는 얼마 지나지 않아 완전히 물이 바닥났다.

■ '완전문' 뒤의 전치사구 :
 ┌ Ⓐ : with의 목적어
 │   (의미상 주어)
 │
 └ Ⓑ : 목적보어
       (의미상 서술어)

■ 좀 더 <u>구어체 분위기</u>로 바꾸어 본 것.
* 압축적인 구를 문장으로 분리/ 전개!!

□ Through our science we have come to learn that our dwelling place is but a single planet of a single star lost amid one galaxy among many.

[의미단위]

* Through our science/ we have come to learn that/ our dwelling place is/ but

> a single planet of a single star/
> lost amid one galaxy among many

□ The fact that there exists beyond ourselves and our conscious will a powerful force that nurtures our growth and evolution is enough to turn our notion of self-insignificance topsy-turvy.

[의미단위]

* The fact that there exists beyond ourselves and our conscious will/

> a powerful force that nurtures our growth and evolution/

is enough to <u>turn</u> our notion of self-insignificance / <u>topsy-turvy</u>

■ 현대의 과학을 통해/ 우리가 알게 된 것은// 우리의 거주지가/ 한 개의 별의 하나의 행성에 불과하다는 것인데/ 여러 은하계 가운데 하나의 은하계 속에서 종적이 묘연한 (한 개의 별/ 하나의 행성에 불과하다는 것이다).

■ but = only
[명사구문]
⇨ 한 단위로 수용할 수 있도록 'N' 번 반복 연습을!

■ (사실은) 우리 자신과 의식적 의지를 넘어 존재한다/ 우리의 성장과 진화를 육성하는 강력한 힘이 (존재한다는) 사실은// 스스로가 하찮은 존재라는 관념을 충분히 뒤집어 놓을 만하다.

■ that절 안의 도치된 주어단위.
* <u>전체의 동사</u>
* turn A
   topsy-turvy(5형식)
⇨convert A

❑ Of what possible significance could we be, as individuals or as a race, buffeted about by internal chemical and psychological forces we do not understand, invisible in a universe whose dimensions are so large that even our science cannot measure them?

[의미단위]

* Of what possible significance could we be/ as individuals or as a race/

① buffeted about by internal chemical and psychological forces we do not understand/

② invisible in a universe whose dimensions are so large that even our science cannot measure them?

- of (what possible) significance
⇨ significant (형용사 = of+명사)

✓ Recall
--- internal and psychological forces (that/which) we do not understand

❑ No words can be said, no teaching

■ 우리들의 존재가 무슨 의미가 있을까/ 개인으로서 또는 종족 단위로서// 우리가 알지 못하는 내부의 화학적 심리적 힘에 의해 이리저리 끌려다니고/ 그 크기가 매우 커서 과학조차도 측정할 수 없는 우주 안에서 보이지도 않는데 (우리의 존재가 무슨 의미가 있나?).

■ '완전문' 뒤에 배치된 두 단위의 준보어 (or 유사보어) :
①과거분사가 이끄는 단위

②형용사가 이끄는 단위

■ (목적격 관계대명사)가 생략된 형용사절 :
cf. 文中의 SV --- 단위
■ 어떤 말도 전할 수 없다/ 어

can be taught <u>that will relieve spiritual travelers from the necessity of picking their own ways</u>, working out with effort and anxiety their own paths through the unique circumstances of their own lives toward the identification of their individual selves with God.

[의미단위]

* No words can be said
  no teaching can be taught
  that will relieve spiritual travelers
  from the necessity of
  <u>picking their own ways</u>/
  working out with effort and anxiety

  their own paths through the unique
  circumstances of their own lives/
  toward the identification
  of their individual selves
  with God.

  No words (   ) can be said,
  no teaching (   ) can be taught

- paths through A toward B
  (A를 거쳐 B에 이르는 여정/길)
- identification of A' with B'
  (A'와 B'의 합일/동질화)

떤 가르침도 전할 수 없다// 마음의 여행자에게 스스로의 방법을 선택할 필요의 부담을 덜어 줄 (말도/가르침도 전할 수 없다)// (스스로의 방법을 선택한다는 것은) 노력과 근심으로 만들어 내는 것/ 스스로의 독특한 환경을 거쳐/ 개인 스스로와 신과의 합일을 향해 가는 자신만의 여정(길)을 (만들어 내는 것이다).

■ _____과 뒤 단위 전체는 동격관계임.
■ working out의 긴 목적어 단위가 with effort and anxiety 뒤로 이동 배치됨.

⇨(   ) 위치에서 <u>that will relieve ~ their own ways</u>의 위치로 이동 (주어를 수식하는 단위가 길어서 후치!)

- 알아 두면 'edge'가 생기는 형용사들

serendipitous	조짐이 좋은	arbitrary	자의적인
presumptuous	주제넘은	general	포괄적인
specific	세부적인	concrete	구체적인
abstract	추상적인	comprehensive	종합적인
inclusive	포용적인	exclusive	배타적인
causal	인과의	resultant	결과적인
consequential	중대한	sequential	연속적인
subjective	주관적인	objective	객관적인
critical	중대한	cynical	냉소적인
sarcastic	풍자적인	allegorical	교훈적인
global	전체적인	partial	부분적인
local	지역에 국한되는	noncommittal	어정쩡한
pragmatic	실용적인	pivotal	계기적인
clandestine	은밀한	cantankerous	요란한
confidential	비밀의	reactive	반응적인
proactive	순응적인	systematic	체계적인
systemic	전체와 연관된	separated	분리된

* 'Big word' 가운데 특히 형용사 일부가 특정 문맥 구간을 압축할 때가 있다. 전연 감이 오지 않을 때는 앞/뒤의 전개동선을 추적해 본다. (충동직역이나 '당황' 금지 ... 알죠!)

✓ Perspective

❑ 특정 단어나 의미단위를 근거가 되는 특정한 전개동선을 살피지 않고 직역한다는 것은 이미 접촉했던 익숙함에 의존한다는 것을 의미한다. 적지 않은 경우 단지 눈앞의 문맥(an immediate context)과 무관한 해석을 만든 결과로 연결되는 전개단위의 의미와 맞지 않거나 아예 모순되는 경우에 당황하게 된다. 그러므로 익숙함을 내려놓고 'big word'나 압축적인(대개 다음절어/ 'big word'가 포함된) 의미단위를 영어 그대로 (낯익은 익숙한 해석과 연상하지 않

■ 모국어와의 소모적인 연상을 줄여 가기 위해 모국어와 '1:1'로 단어들을 비교하는 대신에 원문의 의미단위끼리/ 단락단위 (이상)에서는 단위문장끼리 비교해 갈 수 있는 시야를 만들어 가야 한다.

그것이 바로 낯선 단위 (esp. 압축적인 단위)의 '소극적' 수용으로 된다.

고) 수용한다. *(　　)인 상태로 연결단위들과 일관된 전개동선의 image를 만들어 간다. 이와 같은 '소극적' 수용의 mind가 바로 의미단위의 순서대로 주제/전개의 동선을 이해한다는 의미로 된다.

* 듣기 대본과는 사뭇 다른 문어/격식체 영어에서 압축적인 의미단위(특히 S/O/C 위치에 오는 명사구문 등)의 소극적 수용은 핵심적인 적응기술로 된다.(바로 이런 이유로 연설문을 제외한 essay 등은 소리 내어 읽기 보다는 묵독을 통해 접근해야 한다)

〈N.B.〉

• 낯선 단위를 소극적으로 수용해 가며 전개동선을 안정적으로 잡아가기 위해 압축적인 명사구문 등의 구문에 익숙해져야 하고, 압축단위가 포함되기도 하는 정교한 예비장치에 시야가 열려야 한다. 낯선 단어나 낯선 의미단위의 존재에도 의미단위의 인지상태를 유지할 수 있다면,
EFL(English as a Foreign Language)입장에서 더 바랄 수 없는 상태이다.

```
┌─────────────┐
│  not +      │
│       (first sense unit) ──────────┐
└─────────────┘                      ↓
```

Instead

Rather

But

That is why/

Report has it that/

These and other views
    led me to another
    corrected conclusion that//

등 (전치/전개기능장치

esp. "예비장치" mind의 활용시야)

```
        *        S+V
        S         V ---
        S V      O/C
        +         M
       ---ε□
```

■ 각 문장의 첫 의미단위에 대한 반사적인 반응 – 이것을 만들 수 있을 때까지
는 적응과정이 'study'이다. 아직은 'play'가 아니다.

■ 구문을 주제/전개의 관점에서 수용하면서 일부 '낯선' 명사구문 등을 충동 직
역하는 데 분명한 선을 긋고 상응하는 전개단위들과 연결해 보는 시야가 생
긴다. 특히 단위문을 연결하는 문장연결어(and/but/in fact/instead ++), 기
타 전치 전개기능장치(That is/ That is why/ That is how/ not 등의 부
정어 ++), 특히 "예비장치" 단위에 시선이 열린다.
단위문 내의 구문(S/V/O/C/M/[불]완전문 +)을 넘어서 각 단위문장의 첫 의
미단위(esp. 첫 의미단위 내의 부정어 유무/ V[S] – 도치, 의문문/명령문/과
거형 조동사 [필자/speaker의 mood/관점표시] 등)에 민감하게 반응할 줄 알
게 된다. 이 점은 단위문 안의 구문구조를 넘어서(모국어의 소모적인 연상이

해소되기 시작하는 증거!!) 문장과 문장 사이의 연결감(또는 주제 방향감)이 체화되고 있다는 증거로 된다. 이때 비로소 주제/전개가 예측된 후 확인되는 시점에 각 문장의 첫 의미단위를 이용하여 각 문장의 후술부의 의미단위에 대한 긴장의 정도를 조절하기 시작한다. 심지어 정보욕구(대의 파악/특정 정보검색 등)에 따라 아예 각 단위문장의 후술부를 'skip' 하고 해당 단락의 끝 문장까지 주제 방향감을 유지할 수 있다.

⟨N.B.⟩

- 이 과정을 "HEAD CHECK"이라고 부르고자 한다. 긴 시간 동안의 강의현장(특히 대입수능영어 강의현장 등에서)에서 그 효과를 일부 확인하기도 했다.
- "HEAD CHECK"에 적응하면서 긴 단락을 읽기 전이나 특정한 글/서적의 간을 볼 목적으로 각 단위문장의 첫 의미단위(몇 개의 단락을 골라)만을 scan 해 볼 수도 있겠다. 이 부분은 "HEAD CHECK"과 구별하여 "HEAD SCAN"이라 부르고자 한다.

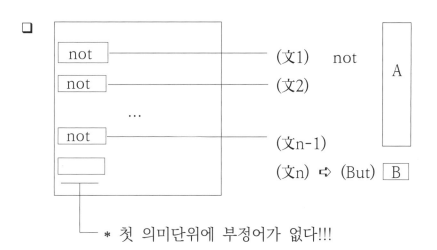

   * 첫 의미단위에 부정어가 없다!!!

* HEAD SCAN 한 후 (文n)에 집중함으로써 긴장을 절약해 가며 대의 파악을 할 수 있다.

❏ 반전 장치

But/However(文n)	⇨ These and other views led me to another corrected conclusion that ☐.(이런저런 견해 탓에 내가 한 번 더 고치게 된 결론은// ☐)

* 단락전개의 도중에 나오는 노골적인 반전장치(but/however 등)뿐만 아니라 우회적인 반전장치(esp. 정교한 예비장치 등)를 근거로 글의 전개구조를 한눈에 (시각적으로) 파악함으로써 특정 단위문장에 선택적 집중을 할 수 있는 등의 경제적 cover를 구사할 수도!!

❏ 무엇보다도 첫 의미단위에 반사적인 반응(해석적 – 모국어 연상적 – 반응이 아닌 주제/방향감을 느끼는 mood)을 할 줄 알아야 비로소 직독/직해가 속독/속해로 필요할 때 전환될 수 있다. 동시에 수동적 이해가 거듭되면서 경험 범위 내에서 "자연스러운, 실수에 쫄지 않는" 구사도 가능해질 것 같다. 물론 영어를 생활어가 아닌 외국어로 접촉하는 우리네의 환경 범위 안에서 소통할 수 있다는 얘기이다. 앞서 여러 곳에서 강조한 대로 문어/격식체(written/formal style)에 한해서 의미 있는 도구로 되기를 기대한다.

❏ 앞에서 제시해 본 concept와 마중물(priming water)을 활용해 가며 각자의 정보욕구/흥미/관심에 따라 영어접촉에 적응해 가시기를. 평소에 CNN/BBC 등의 시청과 영자일간지의 마음이 가는 section의 일부 issue에 꾸준히 노출/몰입을 해 둔다면 좋겠다. 정확성보다는 당장 실현 가능한 노출이 우선으로 된다.

* HEAD CHECK 등의 의미단위의 '시각적' 수용은 문어체 영어에 한함.
(TV drama 등의 구어적 자극/반응도 글처럼 전개동선이 'straightforward' – 논리적 일관성을 갖는 – 한 구간도 있겠으나 대개 동영상과 인물의 동선을 살펴 가며 story를 추적해야 한다)

□ This immensely valuable insight about my patient (presented ---). I had not invited it. I did not want it.

Its presence seem alien to me(and -).

Initially I resisted it, (attempting ---).
This seemingly alien and unwanted quality is characteristic of unconscious material (and ---). It was partly because of this quality and the associated resistance of the conscious mind that Freud and his initial followers (tended to ---).

It is as if they assumed, (---).
Along these same lines, they tended to assume that (---).

① To Jung fell the responsibility of initiating a correction in this view, which he did in a variety of ways, including coining the phrase : "The Wisdom of the Unconscious."

* "부담스러운 내용/소재의 글은 이와 같이 "HEAD SCAN"을 첫 문장부터 해당 단락의 끝까지 실행해 본다. 글의 전개동선(특히 전환단위 - ① 문장의 : 앞 단위가 흐름을 뒤집는 정교한 예비장치임)을 시각적

■ 나의 환자에 관한 매우 귀중한 이 통찰은/ ---.
나는 그것을 불러들이지 않았다. 원하지도 않았다. 그것의 존재는 낯설게 보였고 ---.
처음에는 그것을 거부했고 ---.
이런 낯설고 바람직하지 않은 듯이 보이는 성질이/ 무의식적인 재료의 특징이고 ---.
부분적으로는 바로 이런 성질과 의식의 연관되는 저항 때문에/ Freud와 그의 초기 추종자들은 ---.
마치 그들은 가정하는 듯 했다/ ---.
이런 생각의 동선을 따라/ 그들이 가정하는 경향이 있었는데/ ---.
Jung에게 이런 견해의 수정 작업을 시작하는 책임이 맡겨진 셈이었고/ 그가 다양하게 그 일을 했었는데/ 구절을 만들어 내기까지 했다// '무의식의 지혜'(라는 구절을 만들어 내었다).

으로 확인할 수 있는 경우가 적지 않다.
"HEAD SCAN"의 과정에서 독자가 원하는
정보단위를 선택적으로 집중해 볼 수 있다.
(①/② 번 문장에 집중 등)

② My own experience has confirmed Jung's views in this regard to the point where I have come to conclude that mental illness is not a product of the unconscious : it is instead a phenomenon of consciousness or a disordered relationship between the conscious and the unconscious. Consider the matter of repression, for instance. Freud discovered in many of his patients

(* ① 번 문장의 첫 의미단위로 미루어 볼 때 Freud는 필자의 견해에 부합하지 않으므로 'skip' 한다).

Because these desires and feelings (Freud의 견해와 관계되는, 부수적인 이유를 표시하는 단위도 역시 'skip' 한다).

But why were these desires and feelings located in the unconscious in the first place? The answer is that the conscious mind did not want them. And it is in this not-wanting, this disowning, that the problem lies. The problem is not that(* 첫 의미단위의 not에 주의할 수 있다면// 부정되는 단

■ 내 경험으로 보아 이와 관계되는 Jung의 견해가 확인되었고/ 다음의 결론을 내릴 정도였다 (그 결론은)// 정신질환이 무의식의 산물이 아니고/ 의식의 현상이거나/ 의식과 무의식의 고장난 관계이다(라는 결론이다). 예컨대 (억압)의 문제를 생각해 본다/ Freud는 자신의 많은 환자들에게서 발견했다/ ---(를).

■ 이런 욕구와 정서가

그러나 왜 이런 욕구와 정서가/ 무의식에 자리 잡았을까? 그 답은/ 의식이 이것들을 원하지 않는다(는 것). 그리고 바로 이 원치 않음/ 즉 인정하지 않음 속에/ 문제가 있다(는 것이다). 문제는/ ---가 아니고// 인간이 가지

위 역시 빼고 간다).

but rather that human beings have a conscious mind that is so often unwilling to face these feelings and tolerate the pain of dealing with them, and that is so willing to sweep them under the rug.

□ Extra N.B.

↓

HEAD SCAN

(HEAD SCAN ⇨ Focus on ①번文)

My own experience has confirmed Jung's views in this regard/ to the point where I have come to conclude that

Focus !

HEAD SCAN or EASY COVER

↓

* "HEAD CHECK" 또는 "HEAD SCAN"의 장점 : 다독을 해야 하는 상황일 때 글 읽기 피로를 줄일 수 있는 경쟁력 있는 요령.

* "HEAD CHECK"이나 "HEAD SCAN"으로 cover 하는 과정에서 짧은 단위문장이 한 시선에 들어오는 것을 위 단락에서 □ □ □ 로 각각 표시했다.

고 있는 의식이 이런 정서와 맞서서 이것을 다루는 수고를 수용하길 싫어한다(는 것이고)/ 아주 기꺼이 이런 정서를 숨기려고 한다(는 것이다).

■ (②번 문장)
필자의 관점을 표시 (____), 아울러 예비장치의 hint 단어(conclude)와 예비장치 mind가 있다면
"HEAD SCAN"으로 ①번/②번 문장에 이르러 필자의 핵심의도를 지체 없이 파악할 수도 있다.

* 목표정보의 성격(글의 대의 파악이 목적인 경우)에 따라 "HEAD SCAN"으로 이 단락을 훑어가다가 ①번/②번 문장에 선택 집중한 다음에 연결단락으로 넘어갈 수도 있다.

* 의문문 (구두점도 scan 과정에서 check 될 수 있다) 또는 응답문장을 선택할 수 있다 ; 끝 문장에서 억압(repression)의 문제가

※ 주제/전개의 확인구간을 cover 하는 체험
이 쌓여 가면서 각 문장의 첫 3 ⇨ 8 단어
쯤에서

❑ 예비장치*
(say/ important/agreement 등 hint 어군)

❑ 정독과정에서 "아홉 단서"로 활용하던 "9"
TRIGGER들이 주제/전개의 확인구간에서
해석적 긴장 없이 시각적으로 확인될 수
있다

❑ 문 연결어/예비장치/기타의 전치 전개기능
어군 등 첫 의미단위에 반사적 반응이 자
라난다.
⇨ 각 문장의 의미 있는 첫 구간 (특정한 주제
/전개의 동선을 확인할 수 있는 첫 구간)을
바탕으로 HEAD CHECK 등의 easy
cover를 구사할 수 있다.

not A but B로 전개되고 있
어서 역시 B 단위에 선택적
집중을 할 수 있다.

■ 동사

■ that*
■ wh-word(when/while/
whether +)
■ if 종류
(as /though +)
■ and 종류
(or/ but   )

■ 文中의 S+V ---
(형용사절/ 삽입절/
부사기능어군 뒤 주절/
병렬문장들 중 하나 +)
■ 전명구

주어	목적어
(명사구문)	(명사구문+)
	보어

〈N.B.〉
• 영어어순(word order)이 거의 고정되어 있어 각 단위문장의 첫 의미단위를
잇는 연결단위에서 빈출하는 기능어군(esp. 전치전개기능 장치를 구성하는 기
능어군)을 반복적으로 확인함으로써 불과 수십여 개쯤에 이르는 기능어군이
당사자도 모르게 체화되어 간다.

- 주제/전개가 예측되고 확인이 구사되는 단위문장들은 굳이 narrow(좁히기)하지 않아도 좋다. "9" TRIGGERS의 장에서 정리해 본 기능적 단서들을 시각적으로 활용해서 * <u>각 문장의 첫 세 단어에서 여덟 단어쯤에서</u> 주제/전개를 확인해 본다. 반전 장치가 첫 구간에 있는 경우는 해당 문장을 마침표까지 cover 하여 나머지 문장들을 해당 단락의 끝까지 "HEAD CHECK" 할지 정독할지를 판단할 수 있다.
- * '초보 단계'에서는 "아홉 단서"의 앞/뒤에서 끊어지는 느낌을 역이용해서 단위문의 몸통을 skip 해 가며 의미단위의 인지에 적용할 수 있다.

❑ I ended up with enough equipment to bring full employment to a vale of sherpas – a three-season tent,

and lots of other stuff, for some of which I had to go back again and ask what it was for exactly. I <u>drew the line at buying</u> a designer ground cloth for $59.95, knowing I could acquire a lawn tarp at K mart for $5.

I |also|* <u>said no to</u> a first-aid kit,

> * 앞 문장의 <u>drew the line ~</u>과 같은 의도임 ⇨ Contextual paraphrase

The orange spade in particular seemed to shout : "Greenhorn! Sissy!

■ 결국 충분한 장비를 구입했던 셈이다/ 많은(계곡을 채울만큼의) 짐꾼을 고용할 만큼(구입...) – 세 계절용 텐트,

> 구입품의 목록 열거임

그리고 많은 다른 물건(을 구입...)/ 이 가운데 일부는 되돌아가서 그것의 정확한 용도를 물어야 했다. 나는 선을 그었다/ 59.95불에 고급 방수포를 구입하는 것에/ K마트에서 5불에 잔디 방수포를 챙길 수 있다는 것을 알았기에.

■ 구급상자도 구입하지 않았고/

> 구입 거부 목록 열거임

특히 오렌지 삽이 외치는 듯 했다 : "——!——!——!

Make way for Mr. Buttercup!"
Then, just to get it all over and done with at once, I went next door to the Dartmouth Bookstore and bought books ---

(아마도 오렌지색 삽의 구입을 거부하는 반응을 비유적으로 표현한 듯)
그런 다음에/ 한 번에 전부 훑어서 끝내기 위해/ Dartmouth Bookstore로 가서 몇 권의 책을 구입했다.

> 구입도서목록(을 예측할 수 있을 것 같다 ⇨ skip!)

On the way out I noticed a volume called
Bear Attack : Their causes and Avoidance,
opened it up at random, found the sentence

그곳을 나오다가/
"BEAR Attack : Their Causes and Avoidance" 라고 적힌 책 한 권이 눈에 띄기에/ 생각 없이 page를 열었다가/ 다음의 문장을 보았고/

> "(문장내용)" skip!

and tossed that into the shopping basket, too.

그것 역시 바구니에 던져 넣었다.

⟨N.B.⟩

• (원서 읽기) : 1쪽부터 끝 쪽까지 모조리 다 읽겠다는 생각이 바로 stress로 된다. 필요한 부분만 골라 읽겠다는 자세가 오래간다. 취미나 소일삼아 읽는다 (또는 대의 파악만 하겠다)는 자세로 노출 ~ 몰입의 시간을 거친다면 좋겠다.

♣ Extra tip

- 주제/전개의 인지정도(예측 ~ 확인과정)와 목표정보의 종류(독해문제의 유형 등)에 따라/ 긴 형용사어군이나 병렬단위의 일부를 눈길만 주고 해석적 긴장은 하지 않는 기분으로 지나간다. 이때 주제/전개나 목표정보가 '정독'하는 경우보다 더 분명하게 들어오는지를 집중적으로 살펴본다.

  실제 독해문제 풀이과정에서 이와 같이 읽기지구력을 유지하는 자세가 매력적인 오답에 넘어갈 수 있는 확률을 줄이는 데 큰 도움이 된다(객관식 test의 경우).

  특히 특정 단락에서 주제/전개가 예측되고 난 뒤에 이어지는 각 단위문장의 앞 구간(주제/전개가 확인되는 첫 의미구간 − 대개 첫 의미단위 쯤)만을 끝 단위문장까지 신속히 검색(scan)함으로써 대의파악을 경제적으로 할 수 있다. 이때 문장 첫머리에 오는 여러 형태의 전개기능장치(문장 연결어/예비장치 등의 전치 전개기능장치)를 활용할 수 있다. 뒤 이어 세부문제를 읽고 "HEAD CHECK"해 본문을 선택집중식으로 처리할 수 있다(1지문 다문항 test의 경우).

⟨N.B.⟩

- 다음절어를 구성하는 조합형태소(combining forms : 접두사+어간+접미사)를 가끔(각자의 접촉목표에 따라 시간 간격이 다를 것) 정리해 본다. 어원사전이나 어휘참고서를 활용할 수 있다. 주의해야 할 것은 우리말 단어와 '1:1'로 연상하는 대신에 그동안 접촉해 온 어휘와 앞으로 만날 어휘들을 눈으로 익혀 둔다는 기분이면 좋겠다. 어떤 경우에도 구문을 주제/전개적으로 수용한다는 주제전개의 관점보다 단어 집중연습이 더 강조되어서는 안 된다. 낱말단위의 긴장반응(특히 낯선 단위의 충동적 직역 등)을 완화해 가는 방향으로 노출~몰입이 관리되어야 하기 때문이다. 다음절어들이 분포되어 있는 압축적인 단위(특히 S/O/C 위치에 오는 명사구문/형용사구문 등)를 앞/뒤의 전개동선을 근거로 의미를 좁힐 수 있어야 한다.

Manual 99

ⓒ 이찬성, 2025

초판 1쇄 발행 2025년 3월 18일

지은이   이찬성
펴낸이   이기봉
편집   좋은땅 편집팀
펴낸곳   도서출판 좋은땅
주소   서울특별시 마포구 양화로12길 26 지월드빌딩 (서교동 395-7)
전화   02)374-8616~7
팩스   02)374-8614
이메일   gworldbook@naver.com
홈페이지 www.g-world.co.kr

ISBN   979-11-388-4073-6 (03740)